THE SECRETS OF POPULAR STORES

なぜこの店にはお客が入るのか

売上アップに直結する
ストアレベルマーケティングの方法

ストアレベルマーケッター
小山孝雄 *Takao Koyama*

中経出版

はじめに

夜半遅く、駅前でチラシを配っている人がいた。手渡されたチラシを見ると、「居酒屋○○、生ビール半額！」とある。一色刷りではあったが、インパクトがあり心が動いた。しかし、残念ながら、店に立ち寄る気にはなれなかった。すでに食事を済ませ、帰路についていたからである。

私は、このような場面に遭遇するたびに、心が痛む。売上げをアップさせるために、店舗経営者・責任者（以下「店長」と呼ぶ）の方々が一生懸命に努力されているにもかかわらず、その努力が報われる方向に向いていないからである。

冒頭のチラシの配布が、もっと違う時間帯、たとえば人々の午後の予定も定まっていない朝の出勤時間帯に行われていれば、もっと高い確率で人々を来店させることができたはずである。すなわち、売上げアップへの真摯な思いを、「ストアレベル・マーケティングの原理原則」と重ねるならば、確実に成果は上がるのだ。店長諸氏の熱い思いがわかるだけに、マーケティング戦略・戦術の欠如がなんとも惜しまれる。

本書は、まさに、このようなジレンマの真っ只中にある店長諸氏、並びに厳しい経営状況の突破口を模索する店長諸氏必携のバイブルたらんことを目的に執筆したものであり、ぜひとも手にとっていただきたい。

構造不況という名のもと、厳しい冬の時代が続いている今日、消費者の消費行動に大きな変化があらわれ始めた。消耗品などについてはディスカウント志向が強いが、付加価値のある商品にはディスカウントよりも満足志向が強く、適正価格であれば商品を購入する、というように消費行動の二極化が顕著になってきた。つまり、商品によっては単に安くするだけでは売れないということである。

かつては、ただ、ものを並べれば売れていた、お客さまがどんどん買いに来てくれていた。しかし、今日、それは懐かしの物語と化した。ただ、商品至上主義だけが、かつての姿そのままに残った。「ものが売れない」という嘆きの言葉で冷えた心を慰撫する。さもなくば、熱い思いを込めて、「どうぞ、ご来店ください」と盲目的なチラシ配布に走る。しかし、光は見えてこないのである。

苦悩する店長諸氏の思いは、痛いほどよくわかる。だからこそ、店長諸氏に伝えたいのである。並べておくだけでは売れない商品を、激安競争スパイラルに決して陥ることなく、いかに売るか、この最も重要な「売り方」のノウハウを。

本書は、ＪＦＣピープルビジネススクールのマーケティングコースで一般公開し大好評を博した売上げ増大を実現する具体的手法に、この道のプロフェッショナルたちが何十年もの時間のなかでもまれ築きあげてきた売り方の実務的ノウハウを、「今」に生きるかたちで練り直し織り込んだものである。

また、業種・業態に関係なく実践できるように、いくつかの事例を文中に紹介した。売る商品、商材は異なっても、売り方には大差はない。なぜならば、売り方・販売方法は、原理原則の一貫性のもと、「人」を介し実践されるものだからである。
マーケティングに関する書籍はあまた出回っているが、ストアレベルでここまで実務に即し、わかりやすく説いた書籍は、本書がはじめてではないかと自負する。
今、「勝ち組」と「負け組」の二極化が進行している。「一強百弱」と称する人もいる。しかし、考えようによっては、多くの店舗が苦境にあえぐこのときこそ、ステップアップするチャンスなのだ。何も大仰に構える必要はない。要は「今、与えられた経営環境、条件のもとで、はたして自分に何ができるのか、最大限の効果を生み出す方法を考え、知恵を絞っていく」のである。そのための礎として本書を活用されるならば、光は必ず見えてくる。そして、ついには自店舗の売上げ増大が間違いなく達成されると信じてやまない。

本書を刊行するにあたり、多大なご協力と掲載を快くご許可してくださった企業の皆さま、ご指導を仰いだＪＦＣ代表林俊範先生、多くの助言と力を与えてくれた二瓶眞里、岡田京子両氏、編集・出版にご尽力をいただいた中経出版編集長飯田日出男氏、藤倉琢氏に、心より感謝申し上げます。

小山　孝雄

なぜこの店にはお客が入るのか

目次

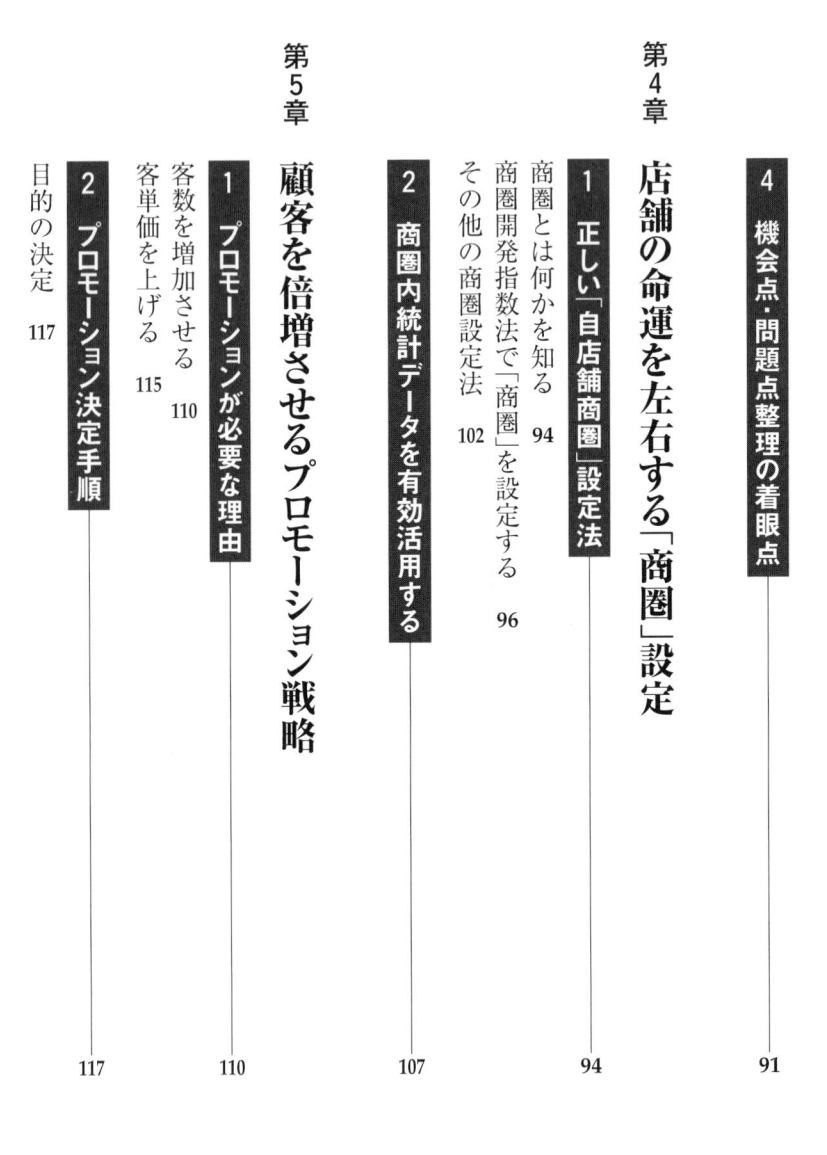

第6章　売上げアップに直結するＰＯＰ戦略

第7章　ロスを絶対出さない動線への攻め方

第1章

勝利をよび込む「極意」

業種・業態・規模の大小を問わず
売上げ増大を実現する
ストアレベル・マーケティングの大原則を知ろう。

1 売上げ増大を実現するマーケティング

勘と経験に頼らない

●「勝ち組」と「負け組」が出る理由

「景気が悪い」

「まわりに競合店が多すぎる」

「商品にめぐまれない」

売上げが思うように伸びなくなったり落ち込んだりすると、多くの店舗経営者・責任者（以下「店長」と呼ぶ）が、しばしば口にする言葉である。

はたして、本当にそれらが原因なのだろうか。冷静になって周囲を見渡してみようではないか。すると――、

景気が悪くても、繁盛している店があるではないか。

競合店が多くても、好調を維持する「勝ち組」がいるではないか。

扱う商品にほとんど違いはないのに、である。

同じ業種・業態で商品に大した差がないような場合でも、不況にあえぐ店舗がある一方で、他店を圧倒する繁盛ぶりを見せる店舗が存在するではないか。

いみじくも、好調を堅持する大手飲食チェーン店経営者が、次のように述べている。

「日本の多くの店舗経営者・オーナーには、マーケティングの意識・知識が驚くほど欠如している」

マーケティングとは、「店舗の売上げ増大と店舗のよいイメージを周辺地域に構築する、すべての活動」のことである。

というと、「それはわかっている。そのために身を粉にして努力してきたのだ」と反発する店長も少なくないことだろう。筆者も、その努力を認めるのにやぶさかではない。

しかし、一口にマーケティングといっても、そこには、実証的に構築された理論とそれを最大限に生かす方法とがある。日本の多くの店長たちが、それをどれだけ正しく理解し、より的確な戦略・戦術にもとづいて活動してきたのかということになると、筆者も、やはり首をかしげざるを得ない。

たとえば、チラシ一枚をとってみても、そのレイアウトやキャッチコピー、配布方法や配布地域などの面で、著しく合理性を欠くものが少なくないのである。その結果、売上げは伸びず、プロモーション（＝販売促進）に努力したという店長の自己満足だけが残り、冒頭のような愚痴のオンパレードということになる。

これではせっかくの広告宣伝費、プロモーション費をドブに捨てるようなものといわざるを得ない。もったいない話である。

このような無駄を徹底的になくし、プロモーション活動を売上げ増大に結びつけるには、やはり、マーケティング活動を総合的に理解し、その基本的な知識を習得したうえで、プロモーション活動を展開することが不可欠だ。同じような状況下にありながら〝勝ち組〟と〝負け組〟が出るのは、店長のマーケティングの正しい知識の有無と継続的な活動の差ということに起因している。知識を有していたとしても、それが経験則の域を出なかったり、正しい知識を有していてもまったく活用されていないケースもある。筆者の経験でも、マーケティングの正しい知識と活用法をアドバイスし、継続的に活動した結果、飛躍的に売上げが伸びたという店舗は、それこそ枚挙にいとまがないのである。

●勘が通用しない時代

日本の大多数の店長には、長年の「経験」とそこで培われた「勘」こそ、プロモーションの最大の〝武器〟と考える傾向がある。

しかし、昨今、その武器が通用しなくなってきている。経営者の勘や経験だけでは消費者のニーズがつかみきれなくなってきているのだ。そこで、苦し紛れの思いつきでプロモーション活動を行うことになる。それで、たしかに売上げは伸びる。しかし、それはほんの一時で、一向に持続しないというのが、日本の多くの店舗の現状だ。

このような傾向は、消費者の価値観のより一層の多様化や地域開発・環境変化等とあいまって、今後ますます強まると予測される。一昔前のバブル時のような好況の再来は期待できず、あぶく銭が巷に氾濫するようなこともあり得ない。

実は、このような状況であればあるほど、マーケティングはその必要度を増すことになる。なぜならば、マーケティングとは、地域の特性や消費者の動向を調査・分析し、消費者のニーズに的確に対応するための合理的な実務・ノウハウを包含するものだからである。すなわち、マーケティングを学ぶことで、無駄を徹底的に排することができる、そして、売上げ増大のためにより効果的な策を講じることができるのである。

気合いや根性といった精神面ばかりを重視し、がむしゃらにチラシを配布するような例もあるが、それだけでは消費者のニーズはつかめない。

マーケティングを学び、実践に生かす努力をするならば、たとえ不況下にあっても、合理的な安定経営が実現し、店長としての幸福感に浸ることもできる。道は必ず開けるのだ。要は、〝実り〟に直結する〝正しい努力〟を惜しまないことである。

継続は力なり

●店長必須のマーケティング

マーケティングは、大きく二つに分けることができる。一つは、「ナショナルレベル・マー

ケティング」。これは、テレビや新聞を利用しての広告宣伝活動等を通じて、

- 全国的規模で
- きわめて短期に
- ブランドイメージや認知度を高め
- 消費者に自店舗に来店したくなる、自社商品を購入したくなるといったモチベーションを与える

広域型マーケティングのことである。

もう一つは、

- 個店単位、地域単位で
- 地域の特性を生かした

地域密着型のマーケティングで、「ストアレベル・マーケティング」という。これこそ、店長に必須のマーケティングにほかならない。

●地道な努力で広がる可能性

ストアレベル・マーケティングの知識を習得し実践すれば、次のようなことが可能となる。

①現在来店しているお客さまの来店頻度を上げる
②新しいお客さまを店舗へ引きつける
③客単価を上げる

④購入単価を上げる
⑤店舗運営水準（お客さま満足度）の向上
⑥特定の商品の売上げを上げる
⑦特定の時間帯の売上げを上げる
⑧特定の曜日の売上げを上げる
⑨店舗イメージのアピールと広告宣伝
⑩店舗の存在のアピールと広告宣伝

しかし、これらは、一朝一夕で実現できるものではない。パワフルでスケールも大きなナショナルレベル・マーケティングと違って、ストアレベル・マーケティングの場合、とりわけ地道で根気強い活動を継続することが要求される。「継続は力なり」とはよく知られた言葉であるが、ストアレベル・マーケティング活動も長期にわたって地道に継続してはじめて、地域の信頼を勝ちとることにつながるのである。

地域の人々に店舗の存在が認められ、よいイメージを構築することができれば、口コミによる顧客の拡大、リピート頻度のアップも期待できる。売上げが増大することはいうまでもない。あなたの愛する店舗を地域ナンバーワン店に君臨させることも、決して夢ではない。

●知恵を絞る

筆者の経験でいうと、大規模チェーンの店長は「売上げは本部が獲得してくれるもの」、小規模チェーンや個人店の店長は「マーケティングを展開しても、売上げは獲《と》れない」といった考えにとらわれる傾向がある。

また、なかには「自店舗は小規模で、とてもマーケティング活動を展開するような予算は捻出できない」という店長がいる。しかし、それは間違いである。

ストアレベル・マーケティングは、業種・業態、規模の大小を問わず、それぞれの店舗がその特性を生かしながら売上げ増大をはかるための実務に即した理論である。

また、マーケティングの予算は、どの店舗であれ、潤沢なものではない。大手でも、売上げのせいぜい〇・五～一・五パーセント程度が関の山である。要は、その少ない予算をいかに効率よく使うか、あるいはどのようにしてカバーするか、といったことに知恵をめぐらすことである。

たとえば、ある食品協会のロゴマークをチラシにのせると、協賛金がもらえる、あるいは大手飲料メーカーは、仕入れ値引きは絶対しないが、プロモーションのためなら五～一〇ケースの飲料の無償提供をしてくれるといった事例もある。すなわち、業者の協賛を得ることができれば、予算の不足分をカバーすることもできるだろう。

マーケティングに規模の大小は関係ない。今ある状況のなかで、「ならば、どうすればよいか」と知恵を絞り出す前向きな意欲と継続的な努力が何よりも大切なのである。

また、店長にこの姿勢がなければ、競合店に打ち勝つことはもちろん、生き残ることさえおぼつかなくなることを肝に銘ずべきである。

POINT

ストアレベル・マーケティングは、業種・業態、規模の大小を問わず、売上げ増大に資する実務に即した理論である。

2 売る〝仕組み〟がなければ生き残れない

商品力に依存しない

●危険な安さ訴求

いうまでもなく、マーケティングは、地域での店舗のイメージを高め、売上げ増大を目的としている。その目的を実現させるために、さまざまな手段が用いられる。

ところが、日本の現実を見ると、売上げ増大はおろか、店舗存続の危機を招くようなケースが少なくない。その代表的な例は、安易な低価格販売である。すなわち、「定価の○割引き！」と銘打って、商品の安さを前面に押し出し、消費者の関心を引こうとする戦略である。

この方法で売上げ増大をはかるには、店舗数が一定数以上必要なことなど、それなりの条件が整っていなければならない。ただ「安くすれば売れる」という単純な発想は、低価格が消費者に浸透するにつれて、たしかに売れていくかもしれないが、その期間は短く、当然、利益率も低いので、結局、売上げ増大には結びつかないというジレンマを生む。

それだけにとどまらない。低価格を導入すれば、他店が必ず追随してくる。それも、導入してそれほど時間を経ない時期、少しずつ売れ始めたかなという時期に、はや、他店の足音が聞こえてくることが多い。それも自社の価格を下回る価格を打ち出しての追随である。

そこで、商品を徹底的に売り尽くす仕組みも見出せないまま、「負けてられるか」とばかりに、さらに割引率を高める。すると、他店が、また追随する。「ならば、こちらも」となり、あげくのはて店舗存続の危機に陥るという悪循環にのみ込まれてしまうことになる。

にもかかわらず、チラシなどを見ると、商品だけを売ろうとして商品の安さばかりを訴求し、必要性やメリットへの訴求が足りないものが目につく。つまり、商品を購入するモチベーションを築くためのアピールが足りない。

たとえ売れ筋の商品でも、ライフサイクルがあり、陳腐化し、衰退するときが必ずやってくる。商品への依存性が高いと、その商品のライフサイクルに翻弄されてしまうことになる。

また、売上げが低下すると、すぐに商品開発に走る傾向もある。この場合も同じような悪循環を起こしやすい。たとえば、新商品を打ち出せば、必ず追随する店が出てくる。当然、開発コストがかかる。新商品の導入を消費者に知らせ、浸透させる必要が生じるので、そのコストも捻出しなくてはならない。すなわち、それだけ利益を圧迫することになり、売上げ増大には遠く及ばないという事態をも招きかねない。もちろん、商品開発も必要だが、それに依存しすぎないようにしたい。

とにかく、この世に絶対的な商品など存在しない。価格戦略や商品開発戦略もマーケティン

POINT

売れ筋の商品も、やがて陳腐化し衰退するときがやってくる。
商品のライフサイクルにのみ込まれないようにすること。

グに必要な戦略には相違ないが、盲目的な、ひたすら商品にこだわる方法で、他店との差別化をはかろうとする姿勢には限界がある。同時に大きなリスクを伴うことを知っておきたい。

●売上げ増大は「人」次第

㈱ロイヤルの創業者・江頭匡一《きょういち》氏は、かつて自社を振り返って次のようにコメントした。

「いくら本社・本部でよい商品を開発したとしても、それを調理し、サービスするのは〝現場〟であるということを忘れていた……」（『日経流通新聞』より）

〝現場〟とは、いうまでもなく、お客さまとの対応を任された各店舗のことである。すなわち、商品開発もさることながら、各店舗の店長やスタッフの重要性、責任の重さにもっと力点を置くべきことを、氏は説いているのである。それは、とりもなおさず、最前線での店長やスタッフのお客さまとの対応が、売上げ増大のカギを握ることに気づいたからにほかならない。

日本の多くの経営者や店長は、商品に依存し商品を利用して売上げを伸ばすことに専念して、商品を売るのは、あくまでも店長を中心としたスタッフ――「人」であるという認識に欠ける傾向がある。それは、日本の多くの経営者や店長が、たとえマーケティング理論に精通していたとしても、マーケティングの実務には疎いことの一つの証しともいえる。

ともかくも、スタッフ――「人」をおろそかにする店舗に明日はない。なぜなら、商品を開発するのも「人」なら、陳列したり、販売するのも「人」。お客さまのイメージを向上させ、お客さまを固定化させたり新規のお客さまを獲得するのに大きく貢献するのも「人」なのである。マーケティングの核をなすのは、「人」であることを忘れてはならない。売上げ増大は、まさに「人」次第なのであり、売上げ増大のための仕組みをあらかじめ構築しておくことが大切だ。

フランチャイズ・チェーン店といえば、数多いが、売上げ増大のための仕組みが確立されているチェーンは、わずか数パーセントでしかなく、ほとんどは「商品」と「店づくり」に多くの力をそそぎ込んでいる。

競合店との差別化をはかる

●自店舗の個性を構築する

競合店が多ければ多いほど大切になってくるのが、自店舗の個性・特性である。これがなければ、競合店のなかに埋没して、消費者にインパクトを与えられないばかりか、存在意義さえ危うくなる。他店との差別化をはかるためにもキラリと光る個性・特性を構築し、ひいては自店をイメージアップさせることで、お客さまの固定化、新規開拓につなげたい。

何もむずかしく考える必要はない。まずは「どのような方法で商品を売るか」、すなわち業態について考えてみよう。業態のポイントとしては、次の三つをあげることができる。

①便利性（コンビニエンス）……年中無休、深夜○時までオープンといった営業時間。

②時間の節約（クィックサービス）……すぐに商品が見つけられる、秒単位の迅速なサービス。

③適正価格（ベストプライス）……お手ごろ感、お値打ち感。

いずれもお客さまの立場から見たものであり、これらのポイントを考慮し、自店舗の業態を明確化する。

●他店の追随できないような仕組みをつくる

業態を確立することによって、競合店との差別化をはかるわけであるが、その際大切なのは、売れる商品を、売れる時期、時間に徹底的に売り尽くす戦略・戦術を採用することである。

たとえば、サーフボードの販売店なら、一番のかき入れどきである夏場に徹底的に売り尽くす。というのも、冬場にいくら宣伝広告をしたところで、消費者のニーズは冷え込んだままで、思うような効果は期待できないからである。宣伝コストばかりが吹き飛んで利益の見返りがなく、経営を圧迫する事態にもなりかねない。

また、飲食店で、モーニングの時間帯にステーキを売り出したところで、喜ぶお客さまはほとんどいないであろう。モーニングメニューはモーニングタイムに、ランチメニューはランチタイムに徹底的に売り尽くしたほうが、結局のところ、売上げが上がる。つまり、人間の動き、ライフスタイルを考慮することが大切なのである。

ところが、多くの企業・店舗は、忙しいときは混雑するお客さまの対応に追われっ放しで、ひまなときにお客さまを呼ぼうと努める。しかし、消費者のニーズがないからひまなのであって、そのようなときにお客さまの来店を求めるのは本末転倒といわざるを得ない。

POINT

売れる商品を、売れる時期、時間に徹底的に売り尽くす。

それよりも、やはり、消費者のニーズに最も応えられる時間帯、すなわち売れる時期・時間に大きな労力とコストを投入するべきである。もちろん、そのためには、万全の対策・仕組みをあらかじめ用意しておかなければならない。

たとえば、レストラン等で客席数が少なめなら、午前一一時から一二時までを「タイムサービス」として、お客さまを早めに来店させたり、オーダーから数分以内には料理が提供できるような仕組みを構築して、お客さまの回転率を上げるといった工夫をする。また、一般の小売り店などでも、ピーク時にはレジの台数を増やすなどして、対応を工夫すべきである。

とにかく、このようなときは、お客さまのほうもいらいらしているケースが多いので、待たされれば、すぐに他の競合店に足を運んでしまいがちである。そういう意味では、まさに秒単位のオペレーション、サービスが要求される。

「あの店では、座ってほんの数分で目の前に料理が出される」

「客が多いにもかかわらず、すぐに商品が購入できる」

「店員が、忙しくてもていねいで落ち着いた対応をしてくれる。実に感じがいい店だ」

といった評判がたてば、しめたもの。たとえば、五分の砂時計を用いて、「五分以内に提供できなければドリンククーポンをプレゼントします」というようなプロモーションを展開して成功しているレストランもある。

また、サイゼリヤでは、メニューの中心価格帯を三八〇円前後に設定している。なかでも一番の売れ筋であるミラノ風ドリアは提案価格二九〇円で、お値打ち感をさらに訴求している。

同社・正垣泰彦社長は、日本一売れる消費材の二倍までなら消費者はお金を出しやすい、お値打ち感を出すこともできると、マスメディアの取材に答えているが、たしかに人気マンガ雑誌『少年ジャンプ』（発行部数六五〇万部を誇った最盛期の一九九五年当時、定価が一九〇円であった）の価格の二倍ということで中心価格が設定されている。価格設定も緻密な研究と計算によって生み出されるべきである。

とにかく、他店が絶対に追随できないような仕組みを構築して、圧倒的な差別化と高いレベルで店舗を運営することができるかどうかが、高収益確保のカギとなる。

ピークを獲る

●トップアップが売上げを伸ばす

店舗を運営していると、どうしても、多忙な期間・時間帯とひまな期間・時間帯が出がちなものだ。そこで、日本の経営者や店長の多くは、ひまな時間帯・期間をなんとかなくそうと努める。いわゆるボトムアップの発想に陥りがちだ。

前項でも指摘したとおり、このような発想は、消費者のニーズにそぐわない無駄な投資につながりかねない。端的にいって、ピーク時に徹底的に売上げを伸ばす、いわゆるトップアップの方策をとったほうが、確実に売上げを伸ばすことに通じる。

ただ、ピーク時の売上げをさらに上げようとチラシをまいて、それを見た消費者が来店したところが、座ることさえできない。しかも、空いた席があるにもかかわらず。これではピーク時に集まった多くのお客さまに店の悪いイメージを宣伝しているようなものだ。また、夏休みのピーク時期を見はからってドリンクの半額セールを実施した他店に追随したところ、どっとお客さまが押し寄せたのはいいが、店内の製造機器がオーバーヒートしてしまい、販売中止に追い込まれ、顧客の期待を裏切る結果を招いたような事例もある。

ぬかりない準備・対応策が求められる。

たとえば、ピーク時の売上げをさらに伸ばすために店のキャパシティを広げる。

あるいは、ラッシュ時（ピーク時のなかでも最高に多忙な時間帯）にお客さまに不快な思いをさせないために、レジなど関連機器の配置・数などに配慮する。

スタッフから、たとえ繁忙時でもスマイルの出るようなワークスケジュールを組む。

ラッシュとラッシュの間には、釣り銭や商品補充、トイレ等汚れが一番めだつ場所の清掃等を行うことで、次のピークにそなえる。

このような店の特性に考慮したピーク時対応策を準備万端、整えておくことが肝心である。

●他に波及するプラス効果

ピーク時の売上げ増大策は、他の時間帯へもプラスの方向に作用することをつけ加えたい。二七ページの図を参照していただきたい。ピーク時の客数が増加することで、他の時間帯でも客数が増えた事例である。「導入」とは、筆者の説くトップアップをとり入れたマーケティン

POINT

きっちり準備を整えておかなければ、ピーク時に徹底的に売る戦略も逆効果を招く。

——トップアップでお客さまが増える

導入後3カ月で客数が1.5倍

トップアップの成功例

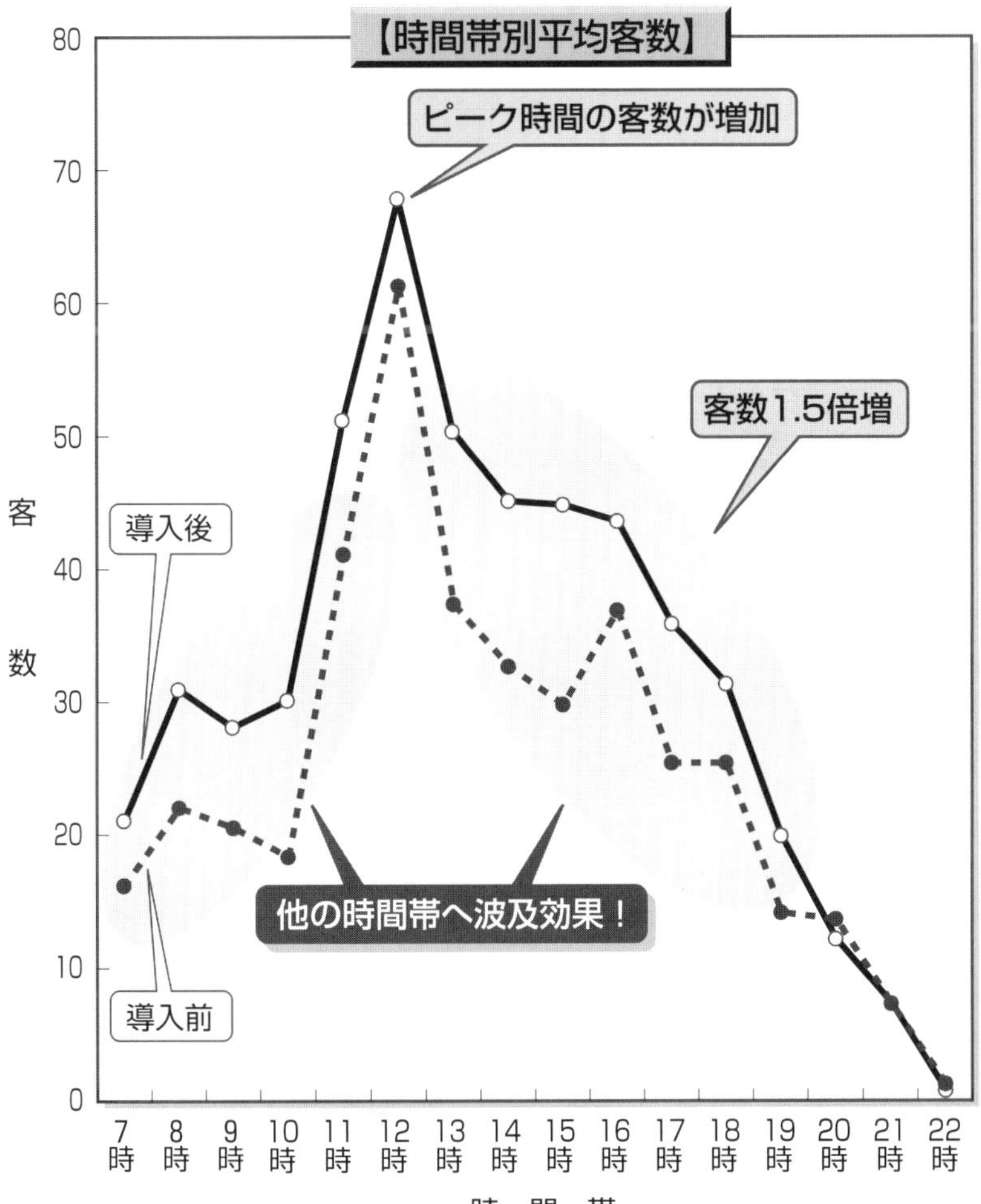

（注）店舗のリニューアル等、ハード面については一切手を加えていない。

グの導入を意味している。

このようなトップアップの考え方は、実は、人財教育にもあてはまる。トップの人間をさらにアップさせることで、他の人間が追随してくるのである。トップアップによって、ボトムアップがなされるというわけだ。

ボトムアップに慣れた日本人には、なじみにくい感じがするかもしれないが、要は「よいところをさらに伸ばす」ということである。

第2章

QSC（店舗運営水準）レベルアップ戦略

店舗イメージを決定づけるＱＳＣを
正しく深く理解し実践することで
さらにワンランク上をめざそう。

1 お客さまの満足度を左右するQSC

店のイメージを高める

●店舗イメージの源

売上げ獲得・増大に一番大きな影響を及ぼすものは、いうまでもなくお客さまに与える店舗のイメージである。たとえ、チラシ内容が魅力的で消費者にモチベーションを与え、期待を抱いて来店してもらったところで、店舗のイメージが不快であれば期待を裏切る結果となり、商品の購入には結びつかない。そのお客さまは、二度と足を運ぶことはないだろう。また、この期待を裏切った「顧客体験」がお客さまの家族や友人に〝口コミ〟されることで「悪いイメージ」が周辺地域に構築されかねない。

では、店舗のイメージの源となるものは何か。それは、

商品の品質（QUALITY）

サービス（SERVICE）

クレンリネス（CLEANLINESS.「清潔さ」の意）

QSC（店舗運営水準・お客さま満足度）

QSC
QUALITY
（品質第一）
SERVICE
（良いサービス）
CLEANLINESS
（清潔感がいっぱい）
①Get Fresh
（新鮮であれ）
②Quality & Quantity
（質と量）
①Fast
（素早く）
②Smile & Hustle
（笑顔できびきびと）
③Courtesy
（礼儀正しく）
①Clean Clean & Clean
（磨きまくれ）
②Sanitation/ Clean as you go
（行くべきところ、すべて衛生的、かつ清潔にせよ）

の三つであり、これを「店舗運営水準」、または「お客さま満足度」と呼ぶ（本書では、以下「ＱＳＣ」と呼ぶ。三一ページ参照）。ここで注意したいのは、「お客さま満足度」のとらえかたである。というのも、この〝満足度〟をはきちがえて、無料で何かをお客さまにプレゼントしたり、サービス券を配るといったケースがよく見られるからである。

この場合の〝満足度〟とは、あくまでもＱＳＣのレベル・内容によって、お客さまにその〝満足度〟を購買プロセスを通じて経験していただく、という意味である。

逆に、ＱＳＣが行き届かず、パートやアルバイト、マネージャーなどのスタッフの態度・言葉遣いなどに問題があれば、お客さまは、そこに何の〝満足度〟も見出すことはできない。それこそお客さまは、その店のすべてが悪いと感じることになってしまう。たとえサービス券がもらえたとしても、「もう一度訪れたい」とか「行ってもいい」といった感情は生まれない。

●ＱＳＣが売上げを左右する

ＱＳＣに取り組まない、ただオープンしているだけといってもいいような店舗は、毎月七～八パーセントの割合で確実に顧客を失っている。毎年雨後の竹の子のように続々と店舗がオープンする一方で、つぶれる店舗が後を絶たないのは、ＱＳＣに対する取り組みがおろそかで、客離れの進行を食い止めることができないからである。

今や、この「ＱＳＣ」というコンセプトは、世界中のチェーン店でその運営上欠かせないものとなっており、そのためのノウハウ・行動基準も、それぞれの店舗の特性を反映して非常に

QSCのレベルアップと売上げ増大の相関

①QSCのいずれかの項目の評価が1ランク上がった場合

	品質（Q）	サービス（S）	クレンリネス（C）
前回評価	B	B	C
今回評価	B	B	B ↓
売上げ増大率	0%	0%	1.5%

◎売上げ増大率は、**1.5×1＝1.5%**

②QSCのそれぞれが1ランク上がった場合

	品質（Q）	サービス（S）	クレンリネス（C）
前回評価	B	B	C
今回評価	A ↓	A ↓	B ↓
売上げ増大率	1.5%	1.5%	1.5%

◎売上げ増大率は、**1.5×3=4.5%**

- 月商1,000万円の店舗であれば、QSCを4.5%レベルアップすることで45万円の売上げ増大が実現できる。
- 競合他社との差別化が進むことで、さらに10〜15%の売上げ増大も可能となる。

多岐に及んでいる。

三三ページの図は、積極的にこのコンセプトのレベルアップに取り組んでいる飲食チェーン店の事例である。この値をそのまま他の業種にあてはめることはできないが、QSCのすべてがレベルアップする場合はもちろん、いずれか一つがレベルアップした場合でも、お客さまの満足度を高め、売上げアップにつながるということは、業種・業態を問わず、実証されている。

とにかくQSCのレベルを上げ、自店舗のすばらしいイメージを地域の人々に伝え、信頼関係を構築していくことが大切である。店舗イメージは、プロモーションのために用いるいかなるツール（道具、手法）にも勝る、最高のセールスツールとなり得るのである。

「QSC」に大きな問題を抱えるような店舗では、いかなるプロモーションツールもその効力を失ってしまうことになる。

たとえ、お客さまに来店するモチベーションを与えるために多額の資金を投入しても、お客さまの期待を裏切り、店舗の悪いイメージを残すことになる。

たとえば、どんな店舗でも、売上げが低迷すると、チラシを配布し現状を打開しようとする。しかし、チラシを見てお客さまが来店したとしても、店舗のQSCのレベルが低ければ、お客さまは何らの満足感も見出せない。むしろ「チラシを見てせっかく来たのに、これでは」といった〝マイナスの価値観〟を増幅させることになる。一層の固定客離れ、リピート頻度の低下現象が起こり、売上げはさらに落ち込むことになる。お客さまの信頼を失うことで、結局、投資金額以上の損害を被ることになってしまう。

POINT

売上げ増大を実現する最高のツールは、店舗のイメージがよいということ。店舗イメージが悪ければ、いかなるツールを用いても、売上げ増大は期待できない。

高質のスタッフを確保する

●ＱＳＣを向上させる機能と役割

より高いレベルのＱＳＣを確立することは、マーケティングの第一歩といえる。

文字どおり、すべてのお客さまに一〇〇パーセント満足してもらえるような体制をとることがのぞまれるわけであるが、多くの場合、役割分担ができていない。

本来なら、三七ページの図のような体制を組み、それこそ全社、あるいは店舗全体で、それぞれの立場に応じた役割を通じて、お客さまを満足させるべく店舗のイメージアップに取り組むことが要求される。

店舗の最前線でお客さまと直接接するパート・アルバイトの対応いかんが、店のイメージを大きく左右し浮沈を決定する。であればこそ、店長としての立場から、的確で濃密なトレーニングをすべきであるし、そのためには積極的に店の現況をお客さまの立場で観察し分析する目も必要となろう。

●店長の態度がパートに反映される

店長や正社員のモラルや考え方、態度、姿勢などに問題があれば、それはそのうち必ずパート・アルバイトにも反映されていく。お客さまへの対応に丁寧さを欠いたり、身だしなみも乱れ、お客さまに不快感を与えることになる。

さらに、このような店舗には、高質な人財が集まらず、離職率も高いということになる。パート・アルバイト募集を繰り返しても、低質のパート・アルバイトのいる店舗には、低質の人材しか集まらない、という悪循環も起こってくる。店のイメージは悪くなる一方だ。

ＱＳＣレベルの低い店舗の特徴の一つは、このような店長以下のスタッフの質に問題がある。

そのほか、ＱＳＣのレベルの低い店舗には、

- 売上げが安定しない
- プロモーションをしているときと、していないときの売上げの変動が激しい

といった特徴も見られる。

ＱＳＣを徹底的に追求する

商品の品質（QUALITY）、サービス（SERVICE）、クレンリネス（CLEANLINESS）について、くわしく見ていこう。

●品質（Ｑ）の視点

いうまでもなく、商品の品質が悪ければ、お客さまは購買しない。どんなに安くても、品質に問題があれば、お客さまは買うのに二の足を踏む。昨今、メイドイン・チャイナの衣料品がよく売れるのは、ただ単に安いという理由だけではなく、日本の技術者の熱心な指導によって、

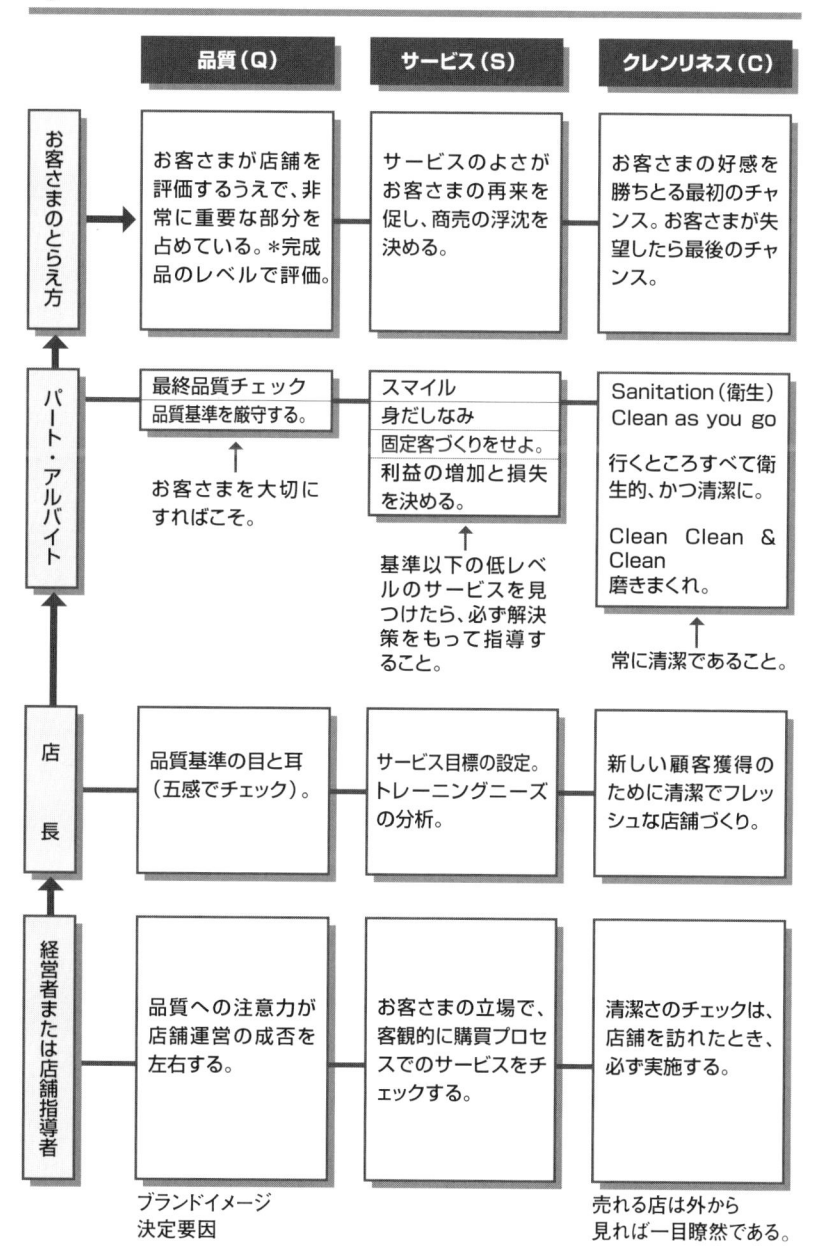

QSCを向上させるための機能と役割

	品質（Q）	サービス（S）	クレンリネス（C）
お客さまのとらえ方	お客さまが店舗を評価するうえで、非常に重要な部分を占めている。＊完成品のレベルで評価。	サービスのよさがお客さまの再来を促し、商売の浮沈を決める。	お客さまの好感を勝ちとる最初のチャンス。お客さまが失望したら最後のチャンス。
パート・アルバイト	最終品質チェック 品質基準を厳守する。 ↑ お客さまを大切にすればこそ。	スマイル 身だしなみ 固定客づくりをせよ。 利益の増加と損失を決める。 ↑ 基準以下の低レベルのサービスを見つけたら、必ず解決策をもって指導すること。	Sanitation（衛生） Clean as you go 行くところすべて衛生的、かつ清潔に。 Clean Clean & Clean 磨きまくれ。 ↑ 常に清潔であること。
店長	品質基準の目と耳（五感でチェック）。	サービス目標の設定。トレーニングニーズの分析。	新しい顧客獲得のために清潔でフレッシュな店舗づくり。
経営者または店舗指導者	品質への注意力が店舗運営の成否を左右する。 ブランドイメージ決定要因	お客さまの立場で、客観的に購買プロセスでのサービスをチェックする。	清潔さのチェックは、店舗を訪れたとき、必ず実施する。 売れる店は外から見れば一目瞭然である。

一定レベル以上の品質を兼ね備えるに至ったからである。

また、たとえ一つの品質に問題があったとしても、それは店舗全体の評価・イメージにはねかえる。「あそこのお店の商品に欠陥があった」という一人のお客さまの話が、「欠陥商品を置く店」に変わり、やがて「信頼できない店」という、ありがたくないイメージが地域に浸透してしまわないとも限らない。品質には、それこそ万全の注意を払いたいものだ。

品質管理の視点には、①完成品基準による品質管理、②各ステップでの品質管理、の二つがある。

①の「完成品基準による品質管理」とは、いうなれば「結果」のチェックである。もっとわかりやすくいえば、お客さまに提供する出来上がり商品が完成品としての基準をクリアーしているかどうかをチェックするということである。

この場合のチェックには、視覚、聴覚、嗅覚、触覚、味覚といった五感をフル活用することになる。言葉を換えれば、姿・かたち、状態、におい、質感、味などを徹底的にチェックするということだ。品質基準を明確化し、徹底をはかりたい。

もちろん、製造販売業であれば、品質をチェックするだけでなく、品質を上げることに尽力することも必要だ。といって、それは何も新商品の開発を意味するだけではない。お客さまの立場に立って考えるだけで、品質をアップさせることも十分可能なのである。

たとえば、ＱＳＣレベルの高い、ある飲食チェーン店では、炭酸飲料をお客さまに提供する場合、氷の溶け具合までをも計算しシロップの量を調整するといったように、実に細かいとこ

POINT

品質管理は、視覚、聴覚、嗅覚、触覚、味覚の五感をフルに活用し基準を厳守すること。

ろまで気遣っている。今ある商品を、最高レベルの品質で提供することで、お客さまに高品質を約束する、すなわち「おいしい」という好評価の獲得をめざしているのである。

筆者は、あるコーヒー・チェーン店のファンであるが、一つ気になることがある。テイクアウトの際、カップのなかのコーヒーがたびたびこぼれ出てしまうのである。注意深く観察した結果、コーヒーカップのふたが完全にしまっていないことの多いことがわかった。品質管理プロセスが徹底されていない一例である。

②の「各ステップでの品質管理」とは、①の「結果」、つまりお客さまに提供されるに至るまでのそれぞれのステップにおいて、品質管理を徹底するということである。

たとえば、業種に応じて次のような品質管理プロセス、ステップがある。

	【ステップ1】	【ステップ2】	【ステップ3】	【ステップ4】
製造販売（飲食）	搬入	保管	製造	販売
陳列販売（小売り）	搬入	保管	陳列	販売
リサイクルビジネス	買取り	商品化	陳列	販売
技術販売（美容・理容・車検など）	観察	修正	練習	提供

1～4の各ステップで、品質をチェックしていく。たとえば、製造販売業であれば、材料搬入時での品質、材料保管時の品質、商品製造レベルでの品質をチェックする。そして、もちろん、①で述べたお客さまに提供する商品時、完成品の品質管理へと続く。

各ステップでの品質管理においても、実際の作業プロセスにおける手順と基準が厳守されているかを観察し、内容や状態の把握・検証に努めることが肝心である。もちろん、問題があれば、早急に改善する。これくらいなら大丈夫だろうと妥協していると、それが当たり前の基準となり、商品イメージ、店舗イメージを大きく損なうことになる。

また、各ステップでの品質管理を十分に行うことで、商品になってから問題が発生した場合でも、それがどこで発生したものか、原因の究明がスムーズになるという利点もある。たとえば、「異物が混入していた」とお客さまからクレームが来たとする。各プロセスでの品質管理が行き届いていると、その異物が混入する可能性のあるステップの特定も容易になり、今後に生かせるというメリットがある。責任の所在も明らかになり、クレームをつけたお客さまへも、説得力のある明確な対応ができる。

ある大手飲食チェーン店で、夏場にテイクアウトで販売した冷たいドリンクを車の中に放置し、カップからドリンクがにじみ出て、カーステレオが故障するというトラブルが生じたことがある。お客さまはカンカンになって怒り、賠償を求めてきた。

チェーン店側スタッフは、「調査してから、ご返事します」と応じた。そして、現物を回収して、検証した結果、店側に落ち度があることは認められず、お客さまのカップの取り扱いに問題のあることがわかった。その結果をお客さまに伝えたが、お客さまは納得しない。しかし、何度も説得を試みた結果、お客さまも納得するに至った。

品質管理を十分にやっていれば、お客さまのクレームにも、自信をもって的確に処理することができるという事例である。

このことを教訓として、またＰＬ法（製造物責任法）対策とあいまって、今では、ほとんどのチェーン店のテイクアウト用カップに扱い方の注意書きがある。

ところで、品質管理をするのはいいが、ロスが出るのを怖がって、小手先の修正を試みることがある。たとえば、パンの調理過程で、こげたものができてしまったとき、処分してもう一度焼き直すというロスを避けるために、こげた部分をナイフで削って次のステップにまわすようなことがある。しかし、お客さまの目は、思っている以上に厳しいものだ。そして、結局は、顧客の喪失につながってしまう。

- 商品は、完全でない限り、売らない。
- 商品としてお客さまに提供するまでの操作・運営手順上のあまさ、不備を決して認めない。

この二つを肝に銘じておこう。

●サービス（S）の視点

お客さまが「また来店したい」と感じ、固定客化するうえで欠くことができないのが店の人的要素、スタッフのサービスのよしあしである。

お客さまに「この店は、サービスが行き届いている」と感じてもらうためには、まずお客さまの立場に立ち現実を把握することである。お客さまの立場は、

①お客さまから見た印象

②接客時間

の二つの視点に集約される。

①の「お客さまから見た印象」とは、いい換えれば、お客さまに好印象を与えるということである。そのためのポイントを列挙する。

●第一印象をよくする……お客さまが店舗に入ってきて三秒以内に、お客さまの耳にしっかり届くような声で挨拶をする。

●最後の印象をよくする……お客さまが店舗を出る際には、必ず感謝と再来の挨拶をする。「ありがとうございました」という感謝の挨拶に加えて「またのお越しをお待ちしております」と再来の挨拶をするわけである。

●好感をもたれる接客態度……アイコンタクトとスマイルのある応対を忘れない。正しい言葉遣いをする。

②の「接客時間」とは、てきぱきとした、的確な行動が求められるということである。これは、何もファーストフードの店に限らない。すべての業種・業態に求められる。とにかく、だらだらとした時間に無感覚な接客態度は、お客さまに特に不快な印象を与えるので、絶対に避ける。パート・アルバイトにも周知徹底をはかりたい。

サービス(SERVICE)のレベルアップ・ポイント

サービスとは

↓

礼儀正しく
スピーディー。
笑顔でキビキビとした対応

サービスレベルの判断要素

店内要素

- 店内での的確な応対ができているか。
- スマイル、アイコンタクト、明るい応対ができているか。
- 秒単位の迅速な応対が実践されているか。
- 店内の温度、BGM、照明は万全か。
- 店内の案内は行き届いているか。
- 店内でアトラクション、イベント、催事が催されているか。

店外要素

- 店舗のパブリシティ(告知、周知)。
- コミュニティ(地域社会)とのコンタクト。
- 事業所訪問。

また、お客さまの購買プロセスと連動したサービスの流れを明確にする。その一例として、

①歓迎の挨拶
②注文の承り
③注文の取りそろえ
④注文の手渡し
⑤代金の授受
⑥感謝と再来の挨拶

の六つのステップがあげられる。各ステップで的確な対応をするために、お客さまの出入りに注意し、お客さまの動きに自分たちの動きを合わせることが要求される。自分たち店のスタッフの都合を優先させるようでは、行き届いたサービスはできない。もちろん、お客さまの要望や質問にはすぐに応答できること。つまり、このことを指して〝お客さま第一主義〟といい、これを実行することがお客さま満足度の向上につながる。

コンビニエンスストア・チェーンの最大手セブンイレブンは、商品や仕組みばかりが脚光を浴びがちだが、筆者のオフィス近くの店を見ると、レジに人が殺到してもほとんど待たされない、また釣り銭をお客さまに渡す際、片手でなく必ず両手を添えて手渡すなど、サービスレベルが高く繁盛している。

また、一定以上の接客レベルを保つには、正社員はもちろん、パートやアルバイトなどの採用基準を見直すことも必要だろう。さらに、接客内容をある程度のレベルまでパターン化して

POINT

接客内容をパターン化しておくと、スタッフも動きやすく、
高い接客レベルを維持することができる。

おくと、スタッフも動きやすいし、チェックもしやすくなる。お客さまからクレームをいわれる前に、こちらから「いかがなさいましたか」とアプローチすることでクレームを予防するなどして、お客さま満足度をより高めるようにしたい。

●クレンリネス（C）の視点

クレンリネス、清潔さのめやすは、「常にグランドオープン時の状態を維持しているかどうか」である。それが、時の経過に正比例して、不潔感が増幅するようでは、客足は遠のくばかりだ。このような状態を避けるには、システム化を図ることである。すなわち、店舗を常に美しく清潔に保つための仕組みをきちんと整えておくことが必要だ。そのためには、次のような点に配慮したい。

①クレンリネスを維持・向上させるツールをそろえる

たとえば、窓拭きやシールはがしなどにも、それぞれ専用のツールを用意しておけば、パート・アルバイトも、喜んで取り組むだろう。もちろん、作業効率も上がり、時間の節約にもなる。ひいては生産性の向上にもつながる。

②営業時間中と営業時間外に実施する作業を分け、明確にする

営業時間中といっても、お客さまに迷惑がかからないよう、忙しくない時間帯を選んで作業する。営業時間外である開店前と閉店後にしっかり時間をかけて、クレンリネス状況をチェックする。また、クレンリネス用機器を新しく導入した場合や、パートやアルバイトを含め新人スタッフが入ってきた場合は、必ず機器を正しく使用するためのトレーニングを実施する。

③曜日ごとに作業の実施項目・内容を分ける

「曜日ごとに」とは、忙しい曜日とそうでない曜日とに分けて考えようということである。毎日実施すべき最低限の作業は別にして、やはりプラスなんらかの作業を行うとなると、忙しい曜日は、無理を来すことになり、お客さまに迷惑をかけ、店のイメージ低下につながる。前述したトップアップの原則にもとづき、ピーク時の売上げ獲得に集中し、クレンリネス・レベルの維持・向上が最優先される。

　この原則からも、（ア）忙しい曜日と（イ）忙しくない曜日とに分けて、あらかじめ作業の実施項目・内容に変化をもたせておくのである。かりに、忙しくないはずの日が、忙しくなった場合でも、「今日は（ア）のパターンでいこう」とスタッフに指示するだけで、混乱なく作業も進められよう。

④クレンリネスの専門職（パート・アルバイト）を店舗の営業時間外に入れる

　開店前や閉店後に作業する、クレンリネス専門のパートやアルバイトの採用も効果的である。毎日、決まった顔ぶれのパートやアルバイトを朝から晩まで雇用する必要はない。時間帯によって、入れ替えたり、人数を増やすなど臨機応変に考えるべきである。

⑤〝かたち〟ばかりにとらわれない

　的確で迅速な対応を迫られるケースが多々ある。そういう時・場面への対応方法も、あらかじめ仕組みに組み込んでおくようにしたい。「開店前、閉店後に恒例になってるから」、あるい

クレンリネス（CLEANLINESS）のレベルアップ・ポイント

クレンリネスとは

↓

手入れが行き届いた清潔な環境

＝

常にグランドオープン時の状態を維持

クレンリネスが必要なエリア

↓

- 店舗外部、店舗前看板、ポール看板、外部POP、外部照明etc
- 店舗出入り口、店舗内、客席、トイレの汚れetc

↓

Clean Clean & Clean
（磨きまくれ）
Sanitation/Clean as you go
（行くべきところ、すべて衛生的、清潔であるようにせよ）

＝

人をひきつける！　利益が上がる！

は「チェックシートで義務づけられているから」といった〝形式派〟を養成しないようにする。たとえば、偶然トイレが汚れているのを発見しても、「トイレは一時間ごとにチェックというルールがあるから、次の指定時間に清掃しよう」というようなことは絶対に避けなくてはならない。汚れたトイレを使用するお客さまの不快さを考えれば、当然のことである。いうまでもなく、汚れを発見したら、すぐに汚れを取り除くべきである。

何回清掃・整理したかが問題なのではない。現実に、常に手入れが行き届いているかどうかが問題なのである。店長は、「常に清潔」であることを基準とし、三〇分に一回くまなく店舗内外を一周する、そして、一五分に一回くらいのわりで、パートやアルバイトを店内巡回に出すといった徹底した姿勢を打ち出すべきである。

●ＱＳＣ整備は〝必要最低条件〟

ＱＳＣに自信があるからといって満足していてはならない。なぜなら、ＱＳＣは、売上げ増大の〝必要最低条件〟にすぎないからだ。

つまり、ＱＳＣに不備があれば、スタートラインに立つことすらおぼつかないということだ。ＱＳＣを一定以上の水準に到達させることで、とりあえず競合店との生き残り、売上げ増大をかけた勝負のスタートラインに立つことができる、と考えたほうがよい。また、それが現実だと認識すべきである。

もちろん、他店を圧倒するＱＳＣレベルを構築できればそれにこしたことはないが、ＱＳＣ

利益のピラミッド

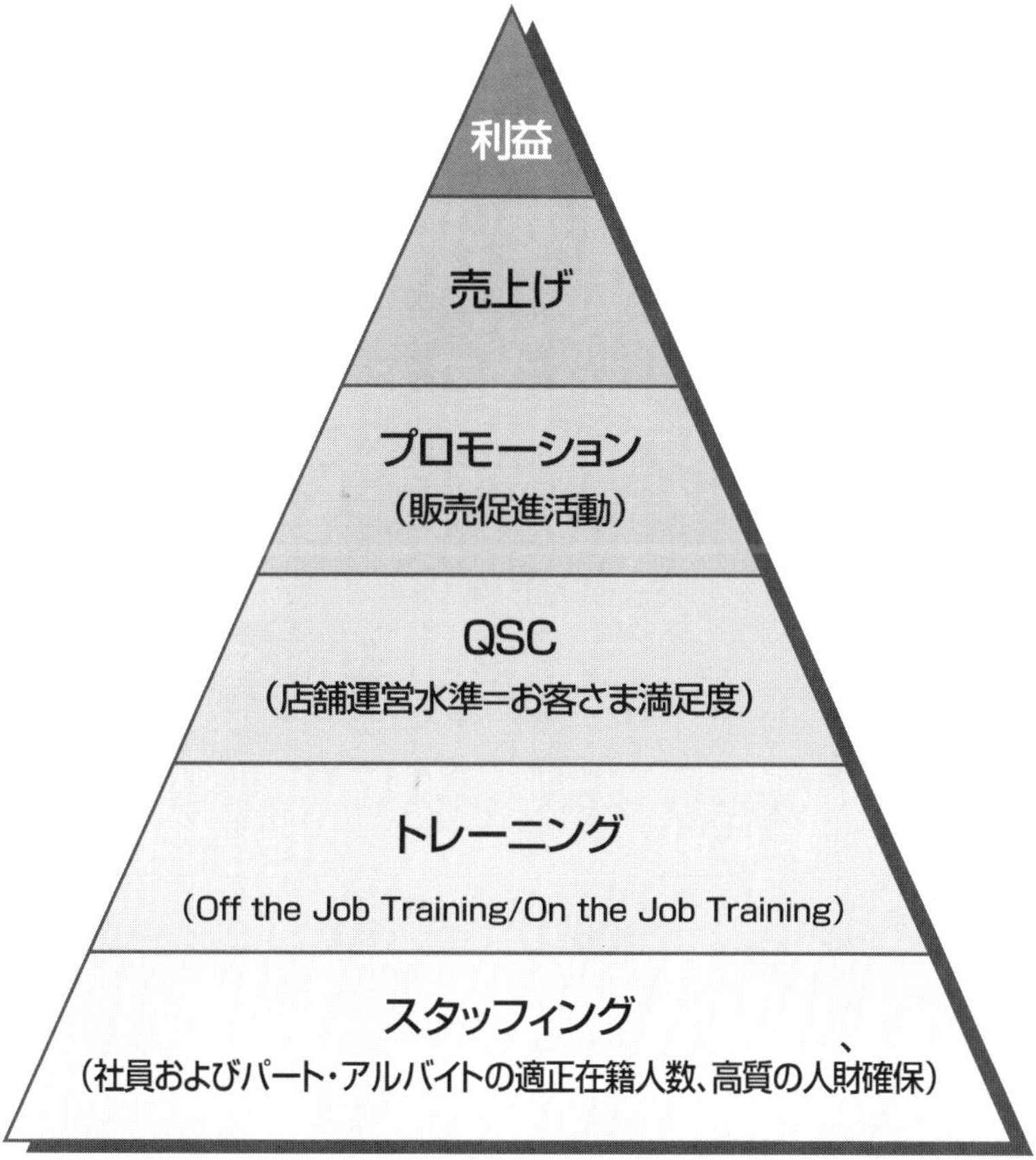

Question

- 数字（利益）は「人の上に成り立つ」ということを本当に理解していますか？
- 意思決定をしたり、指示を与えたりすることを仕事だと錯覚していませんか？
- 管理することが仕事だと勘違いしていませんか？

というコンセプトが浸透した今日、ＱＳＣだけで、他店との差別化をはかることは、なかなかむずかしい時代に突入している。競合他社の多くは、すでにある程度のＱＳＣレベルに達しているのである。

一方、いくらＱＳＣレベルが高くても、リピート客だけをあてにしたビジネスには、おのずと限界がある。一〇〇パーセントのお客さまが、常にリピートしてくれる保証があるわけではない。そこで、どうしても新規のお客さまを獲得しなければならなくなる。

ＱＳＣレベルを一定水準に保ちつつ、新規のお客さまを獲得すべく実践実務＝ストアレベル・マーケティングがいよいよ必要になるというわけだ。

「人」が利益を生む

●数字に振り回されない

「利益は、数字の上に成り立つ」とは、よく聞く言葉である。しかし、利益や売上げといった数字ばかりに目がいくと、利益を生み出す構造、その全体像を見失い、精神訓話的な指示を連発したり、投げやりで合理性に欠ける意思決定に身を委ねやすい。

たしかに、利益は重要である。であればこそ、利益を生み出すプロセスである「利益のピラミッド」（四九ページ参照）を目に焼きつけておいていただきたい。利益をおもとで支えるのはスタッフィングであり、、その上にトレーニング、ＱＳＣがあり、売上げ、利益がある。

土台の「スタッフィング」とは、適正人数の確保、高質の人財の確保を柱とし、その上にある「トレーニング」は、端的にいえば、スタッフを教育して高レベルのＱＳＣを実現すると同時に、店長を補佐する人財を育てることである。

「利益は、人の上に成り立つ」ことをしっかりと認識すべきである。

●人財を育てる

売上げ増大のためにすべての活動を店長一人で行おうとしても限界がある。プロモーション活動等においても、店舗の代表者として活動できる、権限の委譲できる人財を育てることが要求される。もちろん、店長も、みずから自己啓発に努め、常にワンランク上の仕事にチャレンジしたい。

スタッフィング、トレーニングは、ともに「人」へのアプローチである。そのありよういかんが、〝ピラミッド〟存続のカギとなる。すなわち、ここに力点を置かなければ、大きな利益を生み出すことは不可能になると肝に銘じておこう。

2 自店舗のＱＳＣレベルを把握する

チェックを常に行う

●お客さまの立場に立つ

店舗のＱＳＣは、いったいどのようなレベルにあるのか、お客さまの立場に立って一日に数回は検証してみることが大切である。なぜなら、あのとき一定の基準を満たしていたから、今も基準を満たしているとは限らないからだ。スタッフが入れ替わればもちろん、たとえ不変であったとしても、惰性に流されている危険性もある。常にチェックすることが必要だ。

●お客さまへの責任を果たす

店舗スタッフにとっては毎日同じ作業の繰り返しかもしれないが、お客さまにとっては来店したそのときが〝すべて〟である。

また、看板を出すということは、それだけで「自店舗は一定以上のＱＳＣを維持しています。

QSCチェックシート①

レストランディナータイム用	品　質（Q）	合計得点　／100

フード　／60

メイン	5　4　3　2　1　0　×2
商品名 価　格	①ポーション ②盛りつけ ③ボリューム ④鮮度 ⑤味

サイド	5　4　3　2　1　0　×2
商品名 価　格	①ポーション（量） ②具の切り方 ③盛りつけ ④ボリューム ⑤鮮度

ご飯もの	5　4　3　2　1　0　×2
商品名 価　格	①ポーション　＿＿g ②盛りつけ、具のバランス ③温度（60～80℃） ④ふっくらとした香り、味 ⑤ホールディングタイム （炊飯後30～40分）

スープ	5　4　3　2　1　0　×2
商品名 価　格	①具の状態（切り方）とバランス ②ポーション　＿＿g ③温度（64～72℃） ④味 ⑤ホールディングタイム （　　分）

漬　物	5　4　3　2　1　0　×2
商品名 価　格	①ポーション（量） ②盛りつけ ③具のバランス ④ホールディングタイム ⑤味

※サラダまたはデザートはどちらかを選択

サラダ	5　4　3　2　1　0　×2
商品名 価　格	①ポーション（量） ②鮮度 ③盛りつけ、具のバランス ④ボリューム ⑤コールド

デザート	5　4　3　2　1　0　×2
商品名 価　格	①製造日 ②コールド ③ポーション（量） ④トッピング（盛りつけ） ⑤味

ドリンク　／40

※2種類を選択する

コーヒーor紅茶	5　4　3　2　1　0　×2
商品名 価　格	①温度（82～88℃）［　　］℃ ②量 ③ホールディングタイム ④味 ⑤香り

ソフトドリンク	5　4　3　2　1　0　×2
商品名 価　格	①温度（2～5℃）［　　］℃ ②氷の量、全体の量 ③炭酸の量 ④ホールディングタイム ⑤グラスのクレンリネス

ビール（生orビン）	5　4　3　2　1　0　×2
商品名 価　格	①温度　［　　］℃ ②製造日 ③ジョッキ（グラス）の冷え状態 ④泡の量（ビンのクレンリネス） ⑤ジョッキ（グラスのクレンリネス）

サワーorカクテル	5　4　3　2　1　0　×2
商品名 価　格	①温度　［　　］℃ ②氷の量、全体の量 ③炭酸の量 ④味（混ぜ具合・焼酎・シロップの量） ⑤グラスのクレンリネス

あなたを満足させます」と声高らかに宣言していることにほかならない。お客さまへの責任を果たすという意味でも、QSCレベルを一定水準以上で提供することが要求される。

もちろん、QSCは、ブランドイメージを構成する大きな要素である。何もチェーン店に限らない。独立した一店舗でも、「あの店なら大丈夫」というイメージをお客さまに植えつけることで、一つのステータスを確立することも決して不可能ではないのである。

QSCの評価基準

●「Bレベル」以上なら合格

お客さまの期待に応えるためには、一定水準以上のQSCレベルを常に保つことが必要だ。そのめやすは、QSCそれぞれの評価が、「Bレベル以上」であることだ。「Bレベル」とは、次のような評価基準にもとづいている。

合格 →
- A評価……基準をすべて達成している。突出した結果を出している。
- B評価……基準をクリア、もしくは少し上回って達成している。

不合格 →
- C評価……基準ギリギリでOKできる範囲で、改善の余地がある。
- F評価……基準以下、仕事が達成できない。

POINT

QSCレベルは、「B評価」以上を保つこと。「F評価」の店舗は商売失格。

QSCチェックシート②

レストランディナータイム用

サービス（S）

合計得点 ／100

サービスステップ ／50

STEP1 お迎え ／5

- □ ①5秒以内
- □ ②スマイル＆ハッスル
- □ ③アイコンタクト
- □ ④「いらっしゃいませ。何名さまでいらっしゃいますか」
- □ ⑤第一印象

STEP2 客席への誘導 ／3

- □ ①空席状態の把握
- □ ②「ご案内いたします」
- □ ③正しい先導

STEP3 おしぼりと水の提供 ／4

- □ ①10秒以内
- □ ②おしぼりの手渡し
- □ ③おしぼりは正しい状態か
- □ ④水の正しい提供

STEP4 オーダー取り ／5

- □ ①1分以内にオーダーを取り復唱する
- □ ②スマイル＆ハッスル
- □ ③サジェストの実施
- □ ④オーダーの転送
- □ ⑤「かしこまりました。少々お待ちくださいませ」

STEP5 オーダー提供 ／5

- □ ①「お待たせいたしました」
- □ ②商品名をいって提供しているか
- □ ③正しい商品の持ち方
- □ ④商品を注文されたお客さまの前に提供
- □ ⑤同テーブル同時提供

STEP6 中間サービス、追加オーダー ／5

- □ ①正しい灰皿交換、水の補充（積極的なアプローチ）
- □ ②客席への注意力
- □ ③追加オーダーで呼ばれたときの5秒以内の行動
- □ ④「お客さま、お呼びでございますか」
- □ ⑤アフタードリンクのタイミング

STEP7 中間バッシング ／5

- □ ①「お下げしてもよろしいですか」
- □ ②「お飲み物か何かお持ちいたしますか」（サジェスト）
- □ ③タイミング
- □ ④TLC（テンダーラビングケア）
- □ ⑤お客さまの邪魔にならないように

STEP8 最終バッシング ／6

- □ ①忘れ物チェック
- □ ②バッシングのルール厳守
- □ ③効率＆TLC
- □ ④テーブル、イスのクレンリネス
- □ ⑤カスターセット、メニューのクレンリネス
- □ ⑥床、パーテーションのクレンリネス

STEP9 レジ ／5

- □ ①正しい金銭授受
- □ ②レシートの手渡し
- □ ③「ありがとうございました。またご利用くださいませ」
- □ ④アイコンタクト
- □ ⑤最終印象

STEP10 サービスチェック ／7

- □ ①入り口・レジ周辺への注意力
- □ ②接客7大用語の活用
- □ ③パート・アルバイトのアピアランス・スマイル＆ハッスル
- □ ④マネージャー自身のアピアランス・スマイル＆ハッスル
- □ ⑤マネージャーはオーダー提供が遅れていないか注意しているか
- □ ⑥礼儀正しく親切か、また、感じはよいか（全体印象）
- □ ⑦歩き方は姿勢がよく正しいか

サービングタイム ／50

イニシャルオーダー ○5組計測 ／25

	ドリンク提供タイム	点	フード提供タイム	点	コメント
1					
2					
3					
4					
5					
イニシャルオーダーポイント合計（÷2）					

追加オーダー ○5組計測 ／25

	ドリンク提供タイム	点	フード提供タイム	点	コメント
1					
2					
3					
4					
5					
追加オーダーポイント合計（÷2）					

ドリンク提供タイム	1分以内	1～2分	2～3分	3分以上
点	5	3	1	0

フード提供タイム	3分以内	3～5分	5～8分	8分以上
点	5	3	1	0

※オーダーを取り終わった時点から提供されるまでの時間

ちなみに、Ｆは「Ｆｉｒｅ」のことで「クビ」の意味がある。すなわち、このレベルにあれば、商売はすべきではない、商売失格の意味である。

Ｃ評価はどうにか次にステップアップする余地があるが、顧客を失う可能性が大きいため、不合格に位置づけている。

●自己満足は禁物

「基準」のチェックは、それぞれの店舗で実施することになるが、「Ｂレベル」を維持するために「基準」を下げては、まったく意味がない。自己満足を達成したところで、お客さまの長期的な信頼も、固定化も実現しないであろう。新規顧客の獲得も、当然、期待薄だ。満足するのは「お客さま」であらねばならない。

原点を忘れず、レストラン用のＱＳＣチェックシート①（五三ページ）、②（五五ページ）、③（五七ページ）を参考に、自店舗独自のチェックシートを作成して、「Ｂレベル」以上達成の努力を続けていただきたい。

QSCチェックシート③

レストラン用	クレンリネス(C)	合計得点 ／100

フロントエリア　／50

Out side　／5

□ ①店舗周辺(駐車場、歩道)
□ ②入口
□ ③入口周辺(入口マット)
□ ④ゴミ箱
□ ⑤ゴミ置き場

看　板　／2

□ ①大看板
□ ②突き出し看板

ガラス　／4

□ ①入り口ドアガラス
□ ②客室側面ガラス
□ ③個室窓ガラス
□ ④宴会場窓ガラス

植栽　／2

□ ①店舗周辺
□ ②客席エリア

照明器具　／10

□ ①店外ダウンライト
□ ②駐車場照明
□ ③入り口照明
□ ④店内ダウンライト
□ ⑤客席照明
□ ⑥厨房照明
□ ⑦ショーケース
□ ⑧トイレ
□ ⑨バックルーム
□ ⑩事務所／パート・アルバイトルーム

Customer Area　／10

□ ①天井、壁、クロス
□ ②床、座席、座敷
□ ③テーブル
□ ④通路床
□ ⑤パーテーション
□ ⑥カスターセット
□ ⑦POP
□ ⑧立上り
□ ⑨空調
□ ⑩公衆電話

レジ周辺　／4

□ ①レジカウンター
□ ②事務用品整理整頓
□ ③売店エリア
□ ④ウェイティングスペース

トイレ　／10

□ ①便器
□ ②換気扇
□ ③洗面台
□ ④鍵
□ ⑤壁、ドア
□ ⑥床
□ ⑦汚物入れ、くずかご
□ ⑧トイレットペーパー、タオルペーパー
□ ⑨ハンドソープ
□ ⑩消臭

ショーケース　／3

□ ①ケース全体の清潔さ
□ ②フィルター
□ ③商品の陳列状態

バックエリア　／50

ディッシュアップカウンター　／3

□ ①ディッシュアップカウンターの清潔さ
□ ②備品の整理整頓
□ ③シルバーコンティメントの整理整頓

ドリンクステーション　／5

□ ①生ビールサーバー
□ ②サワーサーバー、熱燗器
□ ③製氷器
□ ④グラス類の清潔さ
□ ⑤整理整頓、ドリンクステーション全体の清潔さ

ディッシュウオッシャーエリア　／5

□ ①シンクの清潔さ
□ ②床、壁面
□ ③ダストボックス
□ ④食器棚、シルバー入れ
□ ⑤ディッシュウオッシャー

冷蔵庫、冷凍庫　／5

□ ①外側の清掃
□ ②内側の清掃
□ ③温度
□ ④ストック状態、整理整頓
□ ⑤フィルター

コールドテーブル　／5

□ ①外側の清掃
□ ②内側の清掃
□ ③温度
□ ④ストック状態、整理整頓
□ ⑤フィルター

オペレーションエリア　／6

□ ①ストーブ全体
□ ②コック、バーナーノズル、受皿
□ ③ストーブ周辺
□ ④ステンレス
□ ⑤壁面
□ ⑥床

ダクト　／5

□ ①フード
□ ②グリルフィルター
□ ③油受け
□ ④空外換気扇(フィルター)
□ ⑤空外換気扇(Vベルト)

調理器具　／6

□ ①まな板
□ ②包丁&包丁ラック
□ ③スライサー
□ ④バット、ホテルパン、鍋
□ ⑤洗米機、炊飯器
□ ⑥その他の器具(トング・菜箸・はかり・ボール)

厨房内全体　／6

□ ①シンク
□ ②天井
□ ③壁、立上り
□ ④床
□ ⑤棚
□ ⑥空調

パックルーム　／4

□ ①ストックスペース(清掃、整理整頓、清潔)
□ ②パート・アルバイト休憩室(清掃、整理整頓、清潔)
□ ③ロッカー、フィッティングルーム(ユニフォーム、私有物)
□ ④事務所(書類のファイル、事務用品の整理、清掃)

第3章

競合店はこうして打ち砕く

同じ〝パイ〟を奪いあう
競合店を打倒しないことには
自店舗の躍進はあり得ない。

1 己を知る

自店舗の「現状」を把握する

●ストアレベル・マーケティングの第一歩

マーケティング活動に関する理論を説いた本は、数多く出版されている。しかし、理論が難解であるため、正しく理解できる人は限られるし、理解できても実務でどう生かすかとなると困惑する人も多い。

同時に、誰もが必ず成功するという保証のついたマーケティング活動というものも存在しない。過去に成功したマーケティング活動が、現在、必ず成功するともいえないのである。

というのも、マーケットは絶えず動いているからである。マーケットは、まさに〝生きもの〟にほかならない。この、今を生きる〝生きもの〟の動向を知らずして、はたして実効あるマーケティング活動が展開できるだろうか。いうまでもなく、答えは「ＮＯ」である。言葉を換えれば、現状を把握し分析する作業なくして、成功はあり得ないということだ。ストアレベル・

ストアレベル・マーケティング実施の具体的流れ

ステップ1　現状分析

売上げ（結果）を導きだしたさまざまな要因の把握と分析を行う。

ステップ2　機会点と問題点の整理

ステップ1の現状分析から、機会点（プラス点）と問題点（マイナス点）を洗い出し、そこから解決の糸口をつかむ。

ステップ3　目的と目標の設定

ステップ2で、ある程度絞られてくるが、もう一度店舗の現状を確認し、最も重要なものを選択する。

ステップ4　プロモーション戦略・戦術の決定

●**戦略の決定**…対象、地域、期間の決定。
商圏の変化、季節特性などを考え、最適な内容（メカニズム）を決定する。

●**戦術の決定**…十分な情報伝達と告知活動のためのツールと方法を決定する。

※「ストアレベル・マーケティング企画書」を作成する。

ステップ5　プロモーションツールの作成

的確かつインパクトのあるかたちでプロモーション内容を伝えるツールを作成する。

ステップ6　プロモーションの実施

プル戦略とプッシュ戦略の明確化と、商圏から店舗まで消費者を連れてくる5つのポイントで戦略を実施する。

ステップ7　プロモーションの評価

プロモーションを実行したら、当日に、評価表を作成し、評価・分析を行う。

マーケティングの実質的な第一歩は、まさに現状を知ることから始まる（六一ページ参照）。とにかく、理論だけに頼った、あるいは過去の手法に固執したマーケティング活動は、徒労を繰り返すだけということになりかねない。

さて、現状分析の第一歩は、「自店舗」をその対象とするところから始まる。己を知らずして戦いに勝つことはできない。己の戦力を分析することもなく、戦場に出向いたところが、みずから墓穴を掘って退散ということもあり得る。たとえば、自店舗のために行ったプロモーション活動が、お客さまの関心を一向に引かなかったり、ときには競合店の利益につながるようなこともある。

いうまでもなく、各店舗は立地条件も違えば、規模も違う。ＱＳＣにも違いがあるだろう。自店舗をさまざまな角度から分析し、すべての面を完全に把握・理解する必要がある。この際、気をつけたいのは、「お客さまの立場から見る」という姿勢である。自分本位の言い訳や理屈を排除し、お客さまの立場から、虚心坦懐に自店舗の現状を分析する。

●店舗分析のポイント

より効果的に店舗を分析するには、次の六点に着眼する必要がある。

①店舗視認性評価
②店舗施設の評価
③過去のマーケティング活動分析

④ビジネスレビュー（売上げ、客数、客単価）分析
⑤競合店の調査
⑥人の集まる施設（TG＝トラフィック・ジェネレーター）の調査
このとき注意したいのは、問題点の把握ばかりに気をとられすぎないということ。むしろ、自店のもつ〝強み〟、つまりよい点、チャンスをしっかりと把握する。

店舗視認性評価

●通行人の行動傾向に着目

店舗視認性とは、一言でいえば、「通行人から、はたして自店が視野に入り認知できるか」を問うものである。言葉を換えれば、お客さまの目に店舗の存在がしっかりアピールできているかどうか、ということである。

「通行人」は、

- 自店を知らない
- 周辺に対し常に注意を払って歩いているわけではない
- 無目的に歩いている
- めだつものに興味を示す
- 自分の目的の店舗を探している

といった行動傾向に分類できる。自店舗を目的にしている人にはもちろん、その他の通行人に対しても、徒歩の人、車両を利用する人の別を問わず、いかに自店に入店してもらうかが勝負の分かれめになる。そのためには、

- 何屋か、何を取り扱っているか、すぐにわかるか
- 店舗の看板等が見えやすいか
- 商圏（第4章参照）内において、店舗の存在をアピールしているか
- 商圏外からのお客さまにも見つけやすいか
- 店舗がすぐ近くにあることを知らせているか

といった点をチェックすることが必要である。

●質の高い視認用ツールを使用する

店舗がすぐに視認できればよいかというと、それで満足してはいけない、なぜなら、消費者は店の存在を知らせる看板やフラッグなど、視認のためのツール（道具）そのものにも着眼するからである。つまり、看板効果で、たとえ店の所在がはっきりしたとしても、その看板が劣悪なものであったら、消費者は、看板と同じ劣悪な店舗をイメージするのである。

たとえば、破れた赤ちょうちんのぶらさがった居酒屋に、消費者は、清潔なイメージはもたないし、まずい味しか連想しない。また、ロードサイド型の店舗のポール看板のペイントがはがれ落ちていれば、消費者は、店のＱＳＣに疑問を抱き、車をすべりこませるのをためらって

店舗視認性評価シート

実施日：　　年　　月　　日（　　）時間：＿＿＿＿＿＿　実施者：＿＿＿＿＿＿＿＿

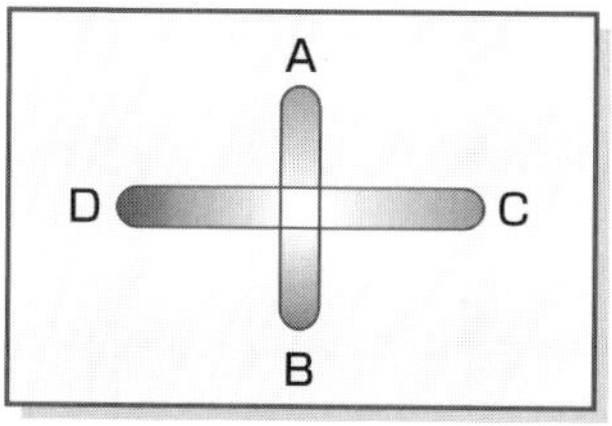

店舗の位置を左記の図に記入して、各4方向の道順に沿って、店舗から100メートル歩き、そこから店舗はどのくらい見えるかチェックする。
また、人の動線もチェックして左記に記入する。

（いずれかに○をつける）

1）自店舗の視認性

	A	B	C	D
①外の看板がよく見える。				
②外の看板が見える。				
③外の看板が一部しか見えない。				
④外の看板はまったく見えない。				
⑤その他の看板も見えない。				

⑥外の看板の妨げとなっているものは何か。
下記にまとめる（他の建物、他の看板、街路樹、その他のものなどについて）。

A：
B：
C：
D：

2）競合店の視認性

	A	B	C	D
①競合店の看板はまったく見えない。				
②競合店の看板は自店舗の看板ほどは見えない。				
③競合店の看板が自店舗と同じくらい見える。				
④競合店の看板のほうがよく見える。				
⑤競合店の看板は見え、自店舗の看板はまったく見えない。				

⑥チェック地点から見える競合店名をあげる。

A：
B：
C：
D：

□チェックポイント

①自店舗の存在を知らないお客さまの立場で見る。
②お客さまの動線上で見る。
③視野に自然に入ってくるか。

店舗視認用ツール・チェックリスト

	チェックポイント	有無	視認性		障害物	競合店		コメント
			昼	夜		昼	夜	
店舗敷地内のツール	ポールサイン							
	屋上看板							
	メイン看板							
	側面看板							
	袖看板							
	フラッグ							
	ブロックサイン							
	駐車場イン看板							
	キオスク看板							
	植え込み内看板							
	A型看板							
	ライトアップ照明							
	のぼり旗							
	懸垂幕							
	ポスター・掲示板							
	パラソル・日よけ							
	サンプルケース							
	その他							
商圏内のツール	野立て看板							
	ビルボード							
	ビル屋上看板							
	壁面看板							
	電柱看板							
	駅構内看板							
	近隣ポスター							
	その他							

店舗視認性改善対策シート

視認性向上のために、現実的に何ができるか？

●自店舗においてできること

①店の外に看板を付け加える。または新しいものに替える。

②看板以外に視認性向上のツールを置く。

③夜間の視認性を高めるために、店内･店外の照明量を増やす。

④看板の障害になっているものを取り除く。

●商圏内においてできること

原則→自店舗のロケーションを示す看板のスペースを確保する。

①A型看板･キオスク看板を置ける場所はないか。

②近くの建物の外壁に看板を付けられないか。

③店舗近隣でポスター等を掲出できないか。

④その他

●商圏内キー･アクセスポイントにおいてできること

①商圏内におけるキー･アクセスポイントはどこか。
（主な交差点･バスの停留所･駅･歩道など）

②キー･アクセスポイントに自店舗のロケーションを告知した看板を設置することができるか。

しまうだろう。そのほか、のぼり旗が汚れていたり、電球が切れていたりしても同様だ。このように、店舗視認用ツールは、客足を左右する絶対的なツールだということを認識しておく必要がある。そして、必ず質の高いものを使用するべきである。店舗視認は、お客さまを獲得する最初のチャンスなのである。それが、質の低いツールを使えば、最後のチャンスに一瞬のうちに変じてしまう。

この店舗視認性の評価は、昼間しか行わないことが多いが、昼間、夜間、異なる時間帯に実施することが要求される。また、看板等の有無よりも、「視認性向上」に着眼して行うことが肝心だ。「店舗視認性評価シート」（六五ページ参照）、「店舗視認用ツール・チェックリスト」（六六ページ参照）を作成して自店舗の現状を把握するとともに、「店舗視認性改善対策シート」（六七ページ参照）を作成し、レベルアップを実現してほしい。

店舗施設の評価

●店舗前の着眼点

より多くのお客さまに来店してもらうには、お客さまの潜在購買力を最大限吸収できるだけの店舗施設を整えておく必要がある。店舗施設には、店舗へのアプローチがスムーズに行えるかどうかも含まれることに留意する（六九ページ参照）。たとえば、店舗前の歩道に障害物がないか、街路樹で入り口が見えづらくなっていないか、といったことに着眼する。

POINT

店舗視認用ツールは、お客さまを獲得する最初のチャンスを創る。しかし、質の低いツールを使えば、最後のチャンスに一瞬のうちに変じてしまう。

店舗施設評価シート

	評価項目	チェックポイント	コメント
店舗前道路からのアプローチ	店舗前道路	車線数、幅員、路側帯の有無、車速、トラックの割合、中央分離帯の有無	
	側道の状況	歩道、ガードレールの有無 幅員、障害物、街路樹の有無	
	交通規則の有無	時間、内容	
	渋滞の状況	平日、土日祝日、時間帯	
	駐車場への入りやすさ	段差の有無 駐車場入り口の幅員（イン・アウトのしやすさ）、混雑度、駐車のしやすさ	
	その他		
店舗施設面の快適さ	店舗オープン	年月日	
	建物の面積	建物のタイプ、構造、容積	
	敷地の面積	建物、駐車場の面積	
	改装・改造	年月、箇所、費用	
	売り場・客席のキャパシティ	㎡数、客席数と席構成 POS台数	
	禁煙席・喫煙コーナー	有無、数	
	洗面所の機能	男女別、個数、身障者用の有無	
	休憩所（ウェイティング）の機能	広さ（席数）	
	持ち帰り窓口	有無、種類	
	駐車場の能力	駐車台数	
	店外の照明		
	内外装の特徴		
	その他		

また、店舗前が幹線道路で車の流れが速すぎると、女性（ドライバー）は敬遠しがちなので注意したい。もちろん、車の流れをゆるやかにすることは無理だが、より早めに店の存在がわかるように、店のずっと手前に看板を出すといった方法をとる。さらに、中央分離帯の有無、右折禁止や駐車禁止などの交通規則・規制にも着眼し、的確に対処することが求められる。これらは、商圏を分断する大きな要因となるからである。

●店舗そのものへの着眼点

もちろん、店舗そのものの施設面についても調査をする。店舗の外観・内装が古めかしくないか、レジの台数は適正か、エアコンはちゃんときいているか、通路が狭くお客さまが歩きにくくはないか、などをお客さまの立場から、細かくチェックすることが求められる。

なぜなら、いくらチラシをまいたところで、多くのお客さまが来店し対応できなければ、顧客を失うばかりでなく、店の信用を失うことになるからである。ある大手飲食チェーン店の創業時のエピソードであるが、あまりの来店客の多さにレジがオーバーヒートするトラブルに見舞われた。客数が一番多いときでも対応できるように、施設の面からも、お客さまに快適さを提供することに努めなければならない。

施設面での不備を、店舗や立地のせいにしてはならない。たとえ、店舗の構造や立地条件を変更することはできなくても、お客さまの心理的、物理的な障害物を取り除くことは可能だというケースがほとんどなのだ。第1章でもふれたが、要は、積極的に「知恵」を出すこと、道

POINT

チラシをまいて、多くのお客さまが来店してもきちんと応対できなければ、顧客を失うばかりか、店の信用も失うことになる。

は必ず開けるものである。

マーケティング状況分析

●過去のマーケティング活動分析

これまでチラシ一枚つくったこともない、という店長はいないであろう。また、マーケティング活動を一切してこなかったという店長も、ほとんどいないのではなかろうか。しかし、残念なことに、チラシを配布しても配布のしっぱなし、ただ効果があった、なかった、というだけですませてしまうケースが目につく。そのため、過去のデータが存在しない。どれだけコストをかけて、どれだけの効果があったかという効果測定がほとんどなされていないのである。これでは、次につながらない。一度でやめてしまったり、思いつきによるロスの多い活動が再び繰り返されることになる。

効果的なマーケティングを行うには、次の二点についてチェックする必要がある。

①ストアレベル・マーケティング活動状況チェック……これは、七三ページのような「ストアレベル・マーケティング活動状況チェックシート」を作成して行う。

②プロモーション活動状況チェック……プロモーションの結果を数字で記録し、この数字をもとにプロモーションの内容、ターゲット、実施方法・時期・期間等について、さまざまな角度から検証・分析を加えていくことで、プロモーションの成功要因を導き出す。「効果があ

った」「効果がなかった」という言葉のものさしに頼るよりも、はるかに正確で的確な分析が可能となる。そして、プロモーション効果をさらにアップさせることができる。

ビジネスレビュー（売上げ・客数・客単価）分析

●店舗運営における〝シグナル〟

「利益のピラミッド」（四九ページ参照）を見てもわかるように、売上げは、ＱＳＣやスタッフィングなど、いくつかの要素の上に成り立つ――それらの要素・要因が組み合わさってはじめて、売上げが生じるわけである。

このことは、言葉を換えれば、店舗内部の要素・要因に変化があれば、結果として売上げに必ず影響するということを物語っている。たとえば、ＱＳＣレベルが低下したり、パートが何人も同時にやめるようなことがあれば、当然、売上げ低下という結果となって表面化する。

もちろん、売上げに影響を及ぼす要素・要因は、店舗内のことに限ったものではない。競合店の増加や減少、娯楽施設あるいはマンションの建設といった地域の集客状況等、つまりマーケットに変化が生じれば、それらも当然店舗の売上げの変化となってあらわれる。店舗をとりまくさまざまな要素・要因が、売上げという結果に集約されるというわけである。

それは、これまでの要素・要因と売上げとの相関をグラフにあらわすことで、実にはっきりと目に見えてくる。たとえば、七四、七五ページに掲げる「売上げ」や「売上げ推移」「客数

ストアレベル・マーケティング活動状況チェックシート

作成者名：＿＿＿＿＿＿＿＿ 店舗名：＿＿＿＿＿＿＿＿ 作成年月日：＿＿＿＿＿＿＿＿

マーケティング内容	実施の有無（○×）	効果の有無（○×）	コメント
チラシの配布・新聞折込み・ポスティング			
パンフレット・メニューの配布			
無料券（割引券）の配布・新聞折込み			
購入条件付き無料券（割引券）の配布			
フリー割引券の配布			
クーポン券の配布			
ギブ・アウエイの配布			
プレミアムの配布			
平日割引の実施			
学生割引の実施			
日替わりメニューの実施			
週替わりディスカウントの実施			
レシート金額○○円以上の無料割引券配布			
くじびきの実施			
電話注文・宅配の実施			
パート・アルバイトの家族割引券の配布			
パート・アルバイトの友達に割引券（無料券）の配布			
法人訪問・事業所訪問の実施			
異業種とのタイアップ			
その他の諸活動			

※過去1年間に実施した活動についても記入する。

売上げ推移（昨年）――着眼点と分析

1月から前年を下回る傾向（シグナル）が出ており、以下の点に、着眼する必要がある。
①増減幅は、どのくらいなのか……前年比
②増減の原因は……客数、客単価のいずれが原因なのか。その検証をグラフにより行う。

↓

- 売上げ　対前年比　マイナス3～6ポイント
  特に10～12月は、マイナス5～6ポイント
- このまま何もせず、今年1月を迎えたなら、「さらにマイナスが大きくなる」と予測される（これを「傾向値を読む」という）。

客数・客単価推移（昨年）――着眼点と分析

①売上げの減少と客数に相関が見られる。　②客単価は前年を上回っている。

↓

売上げの減少は、客数の減少が原因

↓

[客数の減少要因]→①リピーター（固定客）の減少　②新規顧客の減少

↓

- 新規顧客獲得のためのプロモーションの不足。
- QSCにバラツキがあった→リピートビジネスの原理原則（QSCレベルの維持→顧客満足）の不徹底が要因

昨年の総括

- QSCレベルにバラツキがあり、客数が減少→売上げが安定しない。
- 1月にすでに前年を下回る傾向が出ている。危機感の欠如。
- 5月と9月のチラシ配布時だけが、前年売上げを上回る（一時的な売上げ増）。
- セットメニューや推奨販売により、客単価は前年を上回る。販売価格も適正。

⇩

今年、ストアレベル・マーケティングの導入

着　眼→〈①結果に到るプロセス／②プロセスを構成する要因〉→機会点・問題点

↓

- リピーター（固定客）の減少を食い止める……QSCレベルの向上の必要性
- 新規顧客の獲得……店舗視認性の向上・店舗外での集客活動の必要性

↓

①メニューチラシの作成。
②QSCレベルの向上をはかり、その進捗状況に応じてチラシ配布を少しずつ行う。
　忙しさに対応できるようなスタッフトレーニングの実施。
③来店したお客さまに最高レベルのQSCを提供する。
④推奨販売（サジェスト）の強化、購入点数増加戦略の実施。

↓

今年　対前年比113％を達成

売上げ・客数・客単価推移 —— 着眼点と分析

●売上げ

	1月	2月	3月	4月	5月	6月	7月	8月	9月	10月	11月	12月	合計	前年比
一昨年	8,510	8,426	9,417	9,001	9,274	9,325	9,512	10,152	8,767	9,361	8,671	9,789	110,205	
昨　年	8,268	8,111	9,155	8,740	9,712	9,192	9,392	9,554	9,368	8,937	8,189	9,173	107,791	
前年比	97%	96%	97%	97%	105%	99%	99%	94%	107%	95%	94%	94%	98%	98%
今　年	8,861	9,070	10,853	10,553	10,026	9,815	10,863	11,525	9,987	9,670	9,523	10,522	121,268	
前年比	107%	112%	119%	121%	103%	107%	116%	121%	107%	108%	116%	115%	113%	113%

●売上げ推移

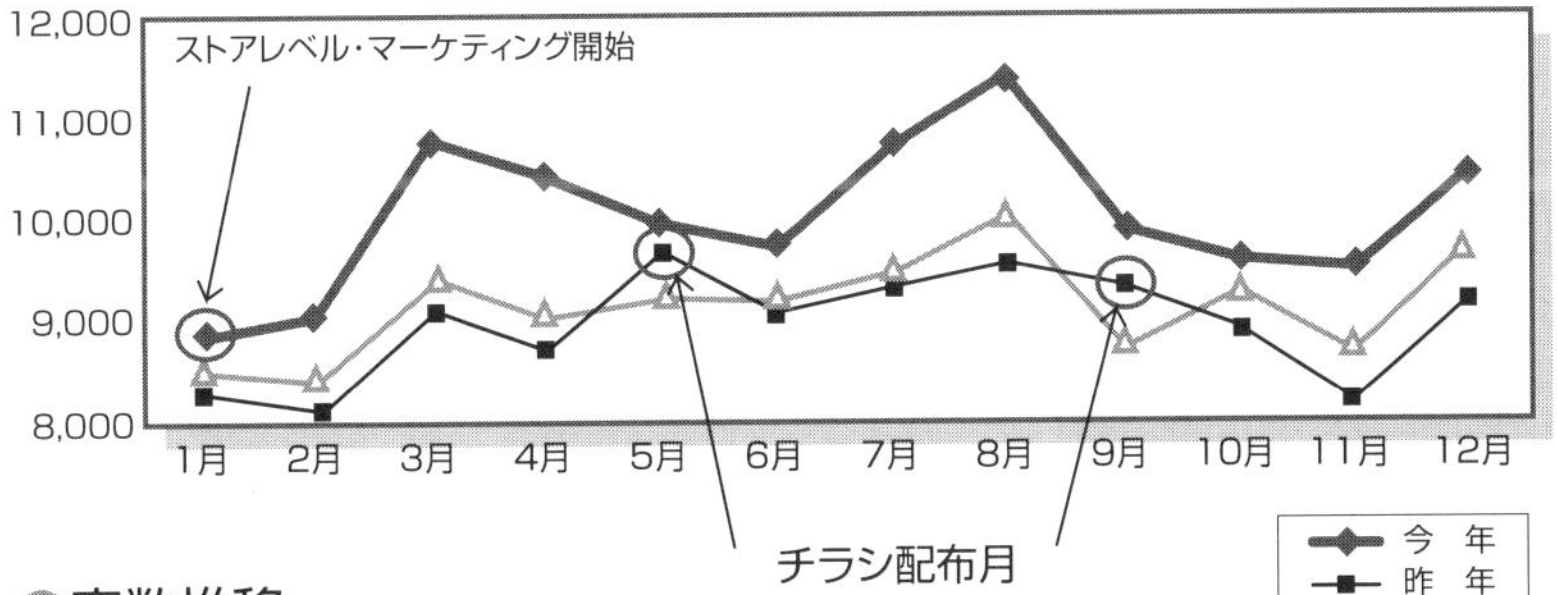

●客数推移

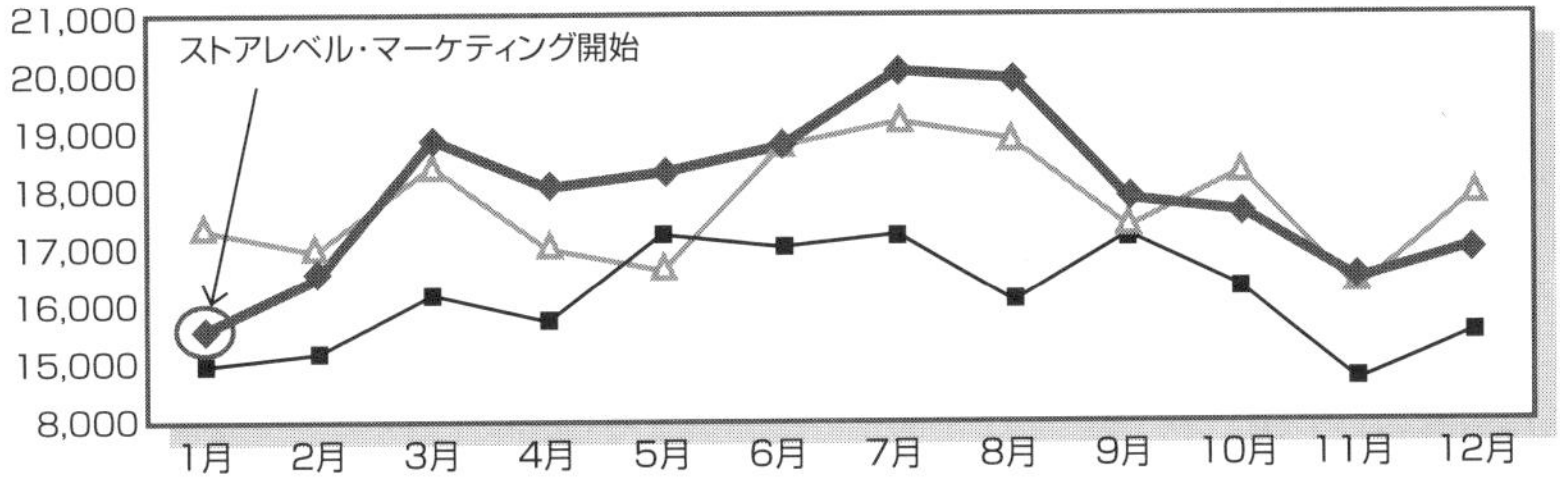

●客単価推移

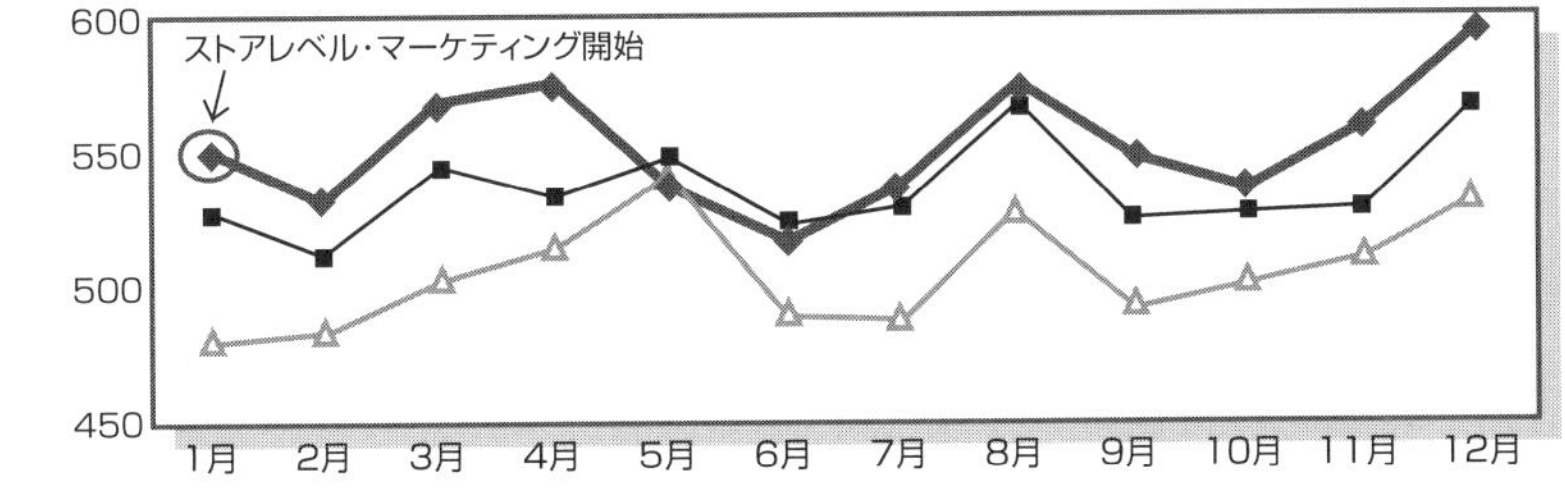

推移」「客単価（客一人あたりの売上げ）推移」のようにグラフ化し、分析するのである。そのとき、次のような点に着眼してみる。

①数字の傾向は――上がっているか、下がっているか。

②対前年比は。

③いつから、どのくらい。

④その時期に何か〝変動〟があったか。

　すると、たとえば、売上げは下がっているが、客数は伸びている、当然、客単価は低下しているといったことが一目瞭然となる。そしてさらには、これは不況のあおりで、お客さまに買いたいという衝動はあるものの、財布のひもがかたくなっているといった要素・要因もあきらかになってくる。

　これは逆にいうと、このような要素・要因が生じれば、客数や売上げにどのような影響が出るか、その傾向を把握できるということである。すなわち、このことによって、手遅れにならないうちに、早めに対応策を講ずることが可能になるということだ。ガンも早期に発見できれば、治る確率が高い。店舗運営も同様で、早めに対応する――より的確なマーケティングを早めに展開することで、売上げアップをはかることが可能となる。売上げだけに固執していると、なんとかしなければと思っているうちに手遅れとなるケースが多い。

　いうなれば、グラフの傾向値は、店舗運営における〝シグナル〟であり、それを堅実に検証していくことで、より的確なマーケティングの方向性を見出すことができるというわけだ。

2 競合店を知る

相手を知らずして戦いには勝てない

●共存共栄はあり得ない

競合店が軒を連ねることで、マーケットが成熟し、大きな集客力を実現するという一面もあるが、競合店が、お客さまを取り合う、いわば食うか食われるかという存在であることにかわりはない。

たとえば、半径五キロメートルの一つの商圏に、潜在購買力が一〇〇億円あるとしよう。この一〇〇億円の潜在購買力は、いかんともしがたい。それぞれの店舗がどんなに努力しても一五〇億円や二〇〇億円にまで拡大することは物理的に不可能である。

つまり、限られたマーケットのなかで、競合店との間で、パイを奪い合わざるを得ない。「潜在する購買力＝競合の売上げ」であり、その競合から売上げを奪うことが自店舗の売上げ増大に直結するのである（七九ページ参照）。

「ＫＩＬＬ　ＴＨＥＭ！」――相手をたたかなければ、自店がやられる。これが現実なのだ。競合店は、あなたの店舗の売上げを奪おうと、それこそ必死で攻めてくるだろう。こちらも、必死で対抗しないことには、自店の命があぶない、売上げを増大させることは絶対不可能だということを知っておこう。

●相手の強みを取り込む

店長のなかには、競合店を意識するがゆえに、競合店に一度も行ったことのない人がいるが、ストアレベル・マーケティングの観点からいうと、これは競合店につぶされるのをひたすら待っているのと同じである。

まず相手を知る、そして相手の戦力を調査・分析するのである。そのためには、客観的な立場でものを見る目をもたなければならない。とかく競争相手のことについては目をつむる、心にバリアーを築いてシャットアウトしがちなものだが、それでは的確な調査・分析は不可能だ。虚心坦懐に相手を直視し、相手のメリット、強みは何かを浮きぼりにするのである。

なぜならば、相手の強いところこそが、自店舗を脅かしている、自店舗の脅威となっているからにほかならない。

そこで、その強みを学び、自店に取り入れてしまえば、相手の強みを打ち消すことになり、脅威から逃れられることになる。

しかし、それでは、まだ手ぬるい。それを競争相手よりも、よりインパクトのあるかたちで

打倒競合店の考え方

年商100億円市場に5店舗が競合

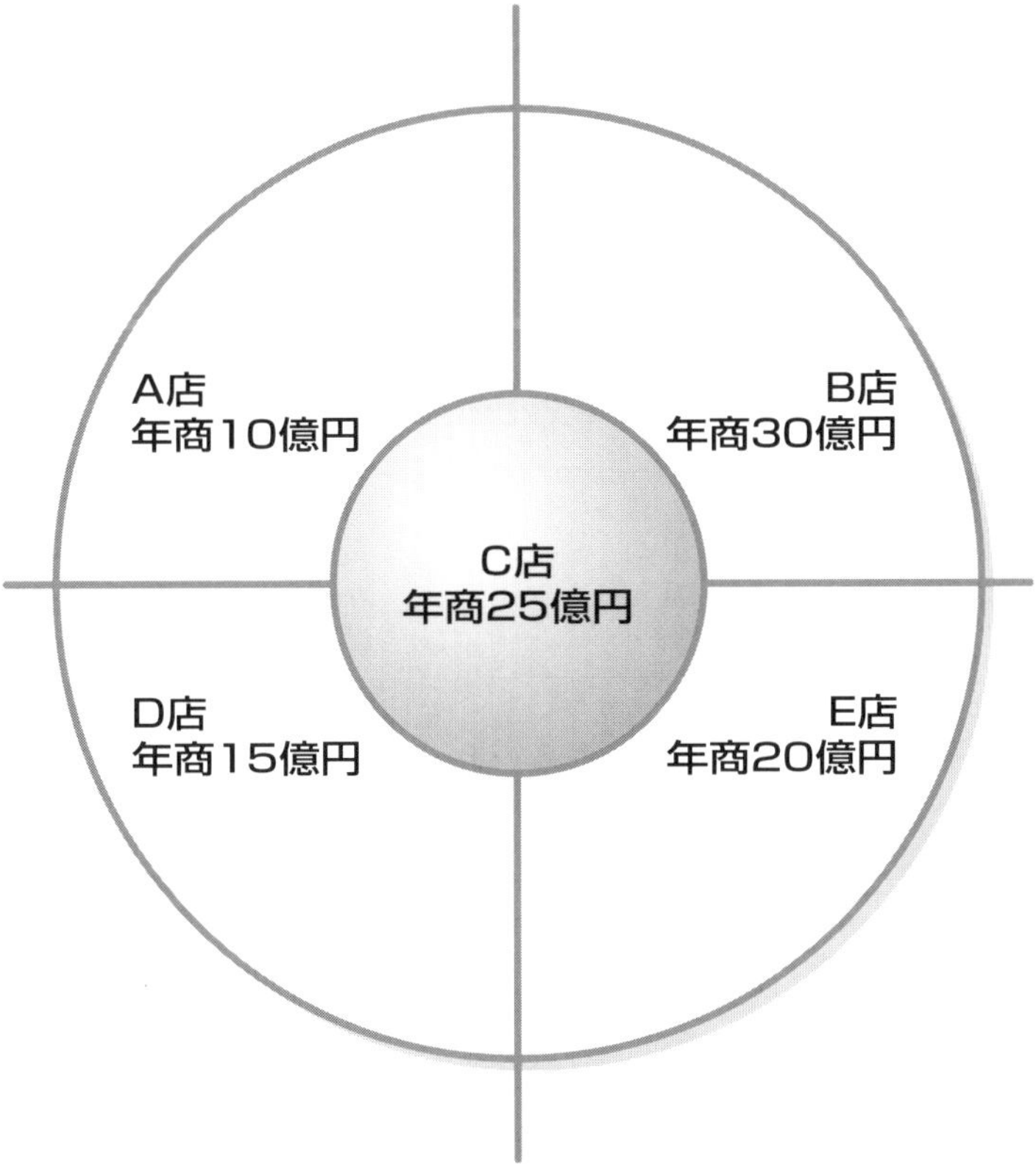

あなたの店＝C店

A店がつぶれる（打倒）→10億円市場が浮上→B～Eの4店で争奪戦

マーケット、消費者に打ち出していくのである。

●自店舗の強いところをさらに伸ばす

自店舗の強いところは、逆に、相手を脅かす力となっているはずである。強みは、さらに強く磨きをかけることだ。

また、自店舗の強みを伸ばすことで店舗の運営レベル全体が上がり、それまで弱点だった部分をカバーすることもできる。弱みをカバーすること自体に力点を置けば、莫大な労力、コスト、時間がかかる。その間に競合店に攻められれば、戦局は不利にならざるを得ない。そこで、あたかも奇襲攻撃のごとく、自店舗の強みに磨きをかけ、一気に競合店を攻撃する。これこそ勝利の方程式である。

とにかく、競合店と同じレベルで同じことをやっていては、勝機を逸してしまう。あえて競合店の強みを取り入れ、さらに弱みにつけこむことで、相手に壊滅的打撃を与えるのである。

そのためには、店内活動と店外活動をバランスよく実施することはもちろん、一日に数種類のプロモーションを連動して実施するなど、よりパワフルな展開が求められる。

単なる安売り競争は、互いの首を絞め合うだけである。

八一ページの「競合店調査シート」を参考に、競合店調査を実施することをおすすめする。

POINT

自店舗の強みを伸ばしレベルアップさせれば、相手の弱点をつくとともに、自店舗の弱点をリカバリーするという一石二鳥の効果が期待できる。

競合店調査シート

店舗名：＿＿＿＿＿＿＿＿　作成者名：＿＿＿＿＿＿＿＿＿＿　作成日：＿＿＿＿＿＿＿＿

競合店名：	住所：
店舗からの距離：	営業時間：
予測年商：	客層：
客席：	客単価：
駐車場の有無（または入店のしやすさ）：	
開店日：	リニューアル：

●商品を購入する

商品名／価格	1　月　日	2　月　日	3　月　日	4　月　日
	円	円	円	円
	円	円	円	円
	円	円	円	円
	円	円	円	円
	円	円	円	円
Q：品質 （完成品基準・鮮度）				
S：サービス （印象（スマイル&ハッスル）とサービスの時間）				
C：クレンリネス （身だしなみ、店内外、客席、トイレの清潔さ）				
プロモーション： （内容、期間、ターゲット、使用ツール、インパクト、新商品）				
POP（店内外）、 設備機器、 看板等の変化				
競合の“強み”				
競合の“弱み”				
その他のコメント				

3 地域を知る

人の集まる施設を総チェック

●売上げ増大へ大きなインパクト

名のある寺院や神社などに行くと、きまってその境内に通ずる道の両側には、ずらりと仲店が立ち並ぶ。いうまでもなく、寺院や神社にお参りに来る人を当て込んでの店舗展開である。

多くの参詣者を集める寺院などのように、地域の集客拠点となる施設を、ストアレベル・マーケティングでは「トラフィック・ジェネレーター（Traffic Generator. 直訳すれば、交通発生源。以下「ＴＧ」と呼ぶ）」と呼ぶ。言葉を換えれば、お客さまもしくはお客さまになり得る人々のいる場所、またはお客さまが自店舗に来店する前にいた場所、またはこれから行こうとする場所、ともいえる。

この集客施設をうまく活用すれば、より効率的で効果も大きなプロモーションを展開でき、顧客の拡大、売上げ増大につなげることができる。その意味では、店舗の売上げ増大に大きなプラスのインパクトを与え得る場所ともいえる。

たとえば、チラシを配布する場合でも、より多くの人の集まるところ、より多くの人の流れる方向がわかれば、その効果はけた違いに上がることになる。

●これだけあるＴＧ施設

はたして、自店舗周辺には、どのようなＴＧが存在しているだろうか、まずはその調査から始めてみたい。もちろん、名高い寺院や神社だけがＴＧではない。もっと視野を広げてみよう。ざっとあげれば、次のような施設・場所をＴＧとして数えることができる。

Ａ　交通拠点（駅、バス停留所、空港、駐車場）
Ｂ　商業集積（ショッピングセンター、デパート、スーパー、商店街）
Ｃ　娯楽・レジャー施設（スポーツセンター、娯楽施設、カルチャーセンター）
Ｄ　住宅地（戸建て、アパート、マンション、団地等大規模開発のところ）
Ｅ　事業所（オフィスビル、事業所、工場）
Ｆ　学校（保育園、小・中・高等学校、大学、各種学校）
Ｇ　病院・施設等（病院、養護施設）
Ｈ　各種団体（市民団体、商店会、自治会、宗教団体）
Ｉ　官公庁等（官公庁、図書館、博物館、公民館）
Ｊ　その他（季節行事の会場、観光地、名所等）

「自店舗周辺地域のＴＧ一覧表」（八五ページ参照）やＴＧマップを作成しよう。マップには、道路はもちろん、バスや鉄道の路線も記入して、人の流れがわかるように工夫する。競合店を記入することも忘れないようにしたい。自店舗が、どのような条件下にあるかが、まさに目に見えるかたちで浮かびあがってくるはずだ。

また、マップを見れば、周辺のＴＧのすべてが自店舗運営に影響を及ぼすわけではないということも読みとれるだろう。つまり、自店舗周辺地域にあるすべてのＴＧを対象にマーケティング活動を行っても意味がないということであり、どのＴＧが自店舗にインパクトを与え得るかを見きわめたうえで、マーケティング活動を展開することが可能になる。

そこで、マップに加え、「市場規模調査シート」（八七ページ参照）を作成したい。データ化することで、より的確な判断、戦術が可能となる。

ローリスク・ハイリターンを可能にする情報収集法

●ビッグチャンスをものにするには

より多くの人の集まるところ、人の流れのより多い方向がわかれば、プロモーション効果がけた違いに上がるはずと、前述した。だが、これだけでは、より合理的なマーケティングを展開するには不完全だ。

というのも、一口にＴＧ、集客施設といっても、お客さまの流れは一定ではない。多いとき

自店舗周辺地域のTG一覧表

※集客拠点名称のみを記入

	トラフィック・ジェネレーター	名　称
A	交通拠点（駅、バス停留所、空港、駐車場）	
B	商業集積（ショッピングセンター、デパート、スーパー、商店街）	
C	娯楽・レジャー施設（スポーツセンター、娯楽施設、カルチャーセンター）	
D	住宅地（戸建て、アパート、マンション、団地等大規模開発のところ）	
E	事業所（オフィスビル、事業所、工場）	
F	学校（保育園、小・中・高等学校、大学、各種学校）	
G	病院・施設等（病院、養護施設）	
H	各種団体（市民団体、商店会、自治会、宗教団体）	
I	官公庁等（官公庁、図書館、博物館、公民館）	
J	その他（季節行事の会場、観光地、名所等）	

※商圏内においてA～Jのカテゴリー別の集客拠点の数と名称を把握すること。

もあれば、少ないときもある。であれば、当然、お客さまの流れの多いときにねらいを定めることが求められる。すなわち、それが「いつ」であるかを知ることが重要になってくる。「どこに、だれが」という情報も、もちろん大切であるが、「いつ」という情報にはそれ以上の重みがある。

たとえば、近くに大きな工場があったとしよう。そこで働く人たちが、一番財布のひもがゆるくなるのはいつか。当然、給料日か、その後の数日間であろう。そのときをみはからって、飲食店が販促活動を行えば、給料日前よりもずっと高い確率で売上げ増大に結びつけることができるはずだ。

また、都内のビジネスホテル前にある二四時間営業のコンビニエンスストアであれば、修学旅行生が宿泊する日の情報を入手しておけば、修学旅行生が多数来店しても、欠品を出すようなロスをなくすことができるだろう。

このような例からもわかるように、「どこで」「いつ」「どのような」行事、イベントがあるのか、「どこで」「いつ」「どのような」人がどれだけ集まるのか、を知っておけば、よりローリスクで効率のよい販促が可能となり、ハイリターン、すなわち売上げ増大のビッグチャンスを確実にものにすることができる。

●キーマンと接触する

マーケティングに必要な情報は、店舗内でじっと待っていては手に入らない。ＴＧを積極的

市場規模調査シート

店名:　　　　　　　　　　　　　　　　　　作成年月／

月商　千円	年商　千円	シェア　%	売場面積（席数）
			駐車能力

統計数値	商圏内人口	男　人	女　人	計　人	世帯数　世帯
	商圏内ポテンシャル	小売販売額　億円		小売店舗数　店	
	人の店舗前通行量	平日　人	土曜　人	日曜　人	
	車の店舗前通行量	平日　人	土曜　人	日曜　人	

主要TG（トラフィック・ジェネレーター）別データ	区　分	総　数	トラフィック・ジェネレーター別規模	合計規模
	交通拠点	駅		1日乗降客数　人
	商業集積地	店		1日平均客数　人
	娯楽・レジャー施設	施設		席　総利用客数　人
	住宅地	世帯		人　世帯
	事業所	事業所		従業員数　人
	学校	校		生徒数　人
	その他			

競合店データ						
	店名	1	2	3	4	5
	面積（席数）					
	駐車能力	台	台	台	台	台
	営業時間					
	予測年商					

【チェックポイント】

①マーケットポテンシャルを競合に奪われていないか。

②TGのもつポテンシャルを最大限活用しているか。

に訪問し、売上げ増大に必要な情報をみずから収集することが必要である。それは、同時に個々のＴＧの特徴を知ることにもなるので、どこに投資をするのが一番効率がよいかを判断する材料を得ることにもつながる。すなわち、「下手な鉄砲、数打ちゃ当たる」のではなく、しっかりと照準を定めて鉄砲を打つことが可能となる。

ところで、ＴＧを訪問する際、気をつけたいのは、相手のキーマンと接触することである。キーマンとは、決裁権限のある人、ＴＧ運営に影響力のある人のことである。具体的には、次のような人たちをキーマンとして位置づけることができる。

- オフィスや工場のマネージャーやリーダー
- アパート、マンションのオーナー、管理人、オフィスビルなどの責任者
- ショッピングセンター、商店街の責任者やオーナー
- 商工会議所などのメンバー、官公庁の人々
- 学校の校長をはじめとする各責任者
- 市民団体のリーダー
- レクリエーション施設などのマネージャー

などである。

ＴＧに出向いて、誰かをも確かめず、ただ名刺だけを置いてくるだけでは不十分である。やはり、そのＴＧのキーマンへのアプローチを実現させ、キーマンとの会話のなかから、ビジネスチャンスを見出し、的確なプロモーションへと結びつけていく。

POINT

TGのキーマンとの会話のなかから、ビジネスチャンスを見出し、的確なプロモーションへと結びつけていく。

TG情報記録シート —— 事業所用（オフィスビル、事業所、工場）

作成者名：＿＿＿＿＿＿＿＿　作成日：＿＿＿＿＿＿＿＿

TG名称	

①TG情報

住　所		電話	
		自店からの距離	
キーマン	氏名　役職　男・女　歳		
連絡可能時間			

②ビジネスチャンス

業　　種		従業員数	
就業時間		休　　日	
給 料 日		賞与月日	
社内報の有・無	誌名	発行日	発行部数
活動行事：			
コメント：			
ビジネスチャンス（広告・看板の設置、チラシ、クーポン配布、タイアップ、今後の取引等、人の多く集まる時期・時間等）			

③自店舗認知浸透度

店　舗　名	知っている　・　知らない	店舗の場所	知っている　・　知らない
来店の有無	有　・　無	認知経路	
全従業員における来店の割合	％	来店頻度	

④ストアレベル・マーケティング活動状況

	プロモーション名	実施期間	評　価
過去に実施したプロモーション活動			
定期的に実施している活動			

このようなＴＧ訪問は、たんに有力な情報を得るだけでなく、プロモーションへの協力を得ることに発展するケースもあり得る。

たとえば、ＴＧ周囲でのチラシ配布を許可してもらったり、建物の壁への広告掲出を許される、といったことも考えられる。また、大手飲食チェーン店が実際に行っているように、フィットネスクラブの会員証を見せると、ポテトを無料提供するかわりに、施設内での広告宣伝を許可してもらうなど、メリットを共有し、シナジー（相乗効果）を得るような仕組みを構築することも可能となるだろう。

ＴＧ訪問の詳細は、八九ページのような「記録シート」にまとめておきたい。

もちろん、ＴＧのキーマンとの接触は、一回の訪問で実現できるとは限らない。とにかく粘り強さが要求される。また、忙しくて店長がいつもＴＧ訪問することは不可能だというようなケースもあるだろう。このようなＴＧ訪問の実際については、第7章でふれる（一九六ページ参照）こととして、ここでは、実際にＴＧを訪問して情報収集することが大切だということ、訪問の際は、そこのキーマンと接触するのが一番大きな効果がのぞめるということを押さえておきたい。

4 機会点・問題点整理の着眼点

自店舗をとりまく現状分析に次いで大切なのは、分析した結果をいかに有効に活用していくか、である。店長は、プランの立案はするが実行が伴わないということが多いが、その大きな原因の一つとして、現状分析の効果的な整理方法がわかっていないことがあげられる。すなわち、分析結果のどこに着眼し、どのようにまとめればよいかが判然としないために、分析データを前に腕組みをしてしまう。

何もむずかしく考える必要はない。目的は、あくまでも売上げ増大である。そこに着眼し、

●売上げを伸ばしていくうえでの「プラスポイント」………機会点

●売上げを伸ばしていくうえでの「マイナスポイント」……問題点

の二点をひきだしてみる。そして、それを九二ページのような表列に振り分けて整理すると、自店舗の現状がしっかり把握できると同時に、機会点をいかに伸ばすか知恵を絞ることで、次に展開するマーケティングの方向性も見えてくる。現状分析が、まさに生きてくるのである。

機会点と問題点の整理表

QSC評価、商圏地図などの資料を使い、店舗の現状を項目ごとに確認する。

作成年月日：＿＿＿＿＿＿＿＿　作成者名：＿＿＿＿＿＿＿＿　店舗名：＿＿＿＿＿＿＿＿

確認項目	機会点 （売上げのための プラスポイント）	問題点 （売上げのための マイナスポイント）
①店舗視認性評価 • 看板の状態、建物の視認性 • 自店舗の状態 • 商圏内キー・アクセスポイントへのアプローチ • TGからの視認性		
②店舗施設評価 • 店舗前交通量、通行者のタイプ • 店舗前環境（アプローチ、入りやすさ、接近性） • 店内環境（ピーク時の対応能力）		
③マーケティング分析 • マーケティング活動状況と効果測定 • プロモーション活動状況と効果測定 • 顧客のいる地域、いない地域はどこか		
④ビジネスレビュー • 売上げ、客数、客単価の傾向 • 月単位、週単位の動向（客層の特徴と変化）		
⑤競合調査 • 競合数と立地上の比較 • 競合の繁盛度 • QSCレベルとプロモーション・レベル		
⑥人の集まる施設（TG）調査 • 商圏の潜在購買力 • TGポテンシャルの吸収度 • マーケットの変化（地域開発の有無、工場閉鎖等）		
上記に含まれない確認項目		

第4章

店舗の命運を左右する「商圏」設定

最も正確な「商圏設定法」を用い
より少ないコストで
より大きな利益を生み出そう。

1 正しい「自店舗商圏」設定法

商圏とは何かを知る

●少ないコストでより大きな利益を生むために

どのあたりの人が自店舗のお客さまとなり得るのだろうか？

どのあたりから自店舗のお客さまとはなり得ないのだろうか？

いったい、その境はどこなのだろうか？

マーケティングの対象地域について質問すると、ほとんどの店長が、

「それは○○丁目あたりだな」

とそれなりの答えを口に出す。しかし、「その根拠は？」と聞くと、「新聞折込みの地域だから」「長年商売してきた勘」と答える人が実に多い。

ということは、チラシを配ったり、広告を打ったりという販促活動を新聞折込み上の都合や勘をたよりに行ってきた店長が多いということでもある。いかに長年のキャリアによって構築

された勘といえども、それが勘である限り、当たるときもあれば、はずれるときもある。大きなリスクを負うことになる。

　このようなリスクを回避するには、自店舗のお客さまの正確な分布を知るとともに、その動向や特性を把握することが不可欠である。また、このエリアから〝生きた情報〟を収集し、照準の定まった的確な販促を展開することで、合理的な集客がはじめて可能となる。より少ないコストで、より大きな利益が生み出されるのである。

　すなわち、このような自店舗の運営に大きな影響を及ぼす自店舗周辺エリアを「商圏」と呼び、より正しい商圏を設定してマーケティング活動を展開することが何よりも求められるのである。

●商圏の定義

　商圏の概念・定義については諸説ある。たとえば、日本フランチャイズ協会の『フランチャイズビジネスの立地開発』には、商圏について次のように定められている。

「商圏とは、一般的には小売店舗の影響が及ぶ範囲を指し、小売店舗は都市のあるいは商店街の一部に位置して、そこを拠点に商圏を創っていく。したがって、商圏は生活者や流通業者などそこでさまざまな生活や仕事を営んでいる人々の行動の影響を受けて形成される」

　残念ながら、これでは抽象的な概念の域を出ず、内容があいまいで実用的とはいい難い。そこで、筆者は、もっと明確で、実用の参考となるよう、

「商圏とは、現実に店舗周辺に来訪している人々が住む地域、および容易に来店促進が可能な人々が住む地域」

と定義したい。

では、この定義に見合うエリアをどのように割り出せばよいのか、その方法について述べていくことにしよう。

商圏開発指数法で「商圏」を設定する

●最も信頼できる設定法

商圏を設置する方法にはさまざまなものがあるが、最も精度が高く、しかも店舗で容易に実行できるのが「商圏開発指数法」である。

商圏開発指数法とは、「顧客アンケートを実施し、居住地域を調査し、係数化して商圏を設定する方法」のことである。「係数化」などというとむずかしく考えがちであるが、一つの公式（九七ページ参照）に数字をあてはめれば簡単に算出できるのである。

他の商圏設定法にも興味のある方は、後述するので読み進めていただきたいが、商圏設定法のなかで最も信頼の置ける商圏開発指数法を、まずは理解しておくことをおすすめする。

公式からもわかるように、商圏開発指数法では指数を算出するのに、

- 一カ間の来店客数

商圏開発指数の求め方

【公式】該当町丁目の商圏開発指数(%)

$$= \frac{\text{該当町丁目のサンプル数}}{\text{全サンプル数}} \times \left[\text{1カ月間の総顧客数}\right] \div \left[\text{該当町丁目の人口}\right] \times 100$$

商圏開発指数算出事例

ケースデータ

- アンケート実施総数(全サンプル数)　1,000件
- 1カ月間の総顧客数　15,000人

商圏開発指数&実勢商圏人口算出シート

■全サンプル数　1,000件　■1カ月間の総顧客数　15,000件

地域番号	町丁目名	人口	サンプル数	商圏開発指数	実勢商圏人口
1	赤坂A丁目	1,000	15	22.5%	1,000
2	赤坂B丁目	2,000	20	15%	2,000
3	赤坂C丁目	3,000	20	10%	3,000
4	⋮	⋮	⋮	⋮	⋮
5					
6					
7					
8					

商圏開発指数算出計算式

●赤坂A丁目の商圏開発指数＝ $\frac{15}{1,000} \times 15,000 \div 1,000 \times 100 =$ **22.5%**

●赤坂B丁目の商圏開発指数＝ $\frac{20}{1,000} \times 15,000 \div 2,000 \times 100 =$ **15%**

●赤坂C丁目の商圏開発指数＝ $\frac{20}{1,000} \times 15,000 \div 3,000 \times 100 =$ **10%**

●お客さまの居住地域名

が必要になる。そこで、次のような手順を踏むことになる。

①店舗で、お客さまに直接インタビュー形式で「居住地域」を聞く（九九ページ「アンケートの取り方」参照）。

②一カ月間の総顧客数をカウントする。

③①のデータを集計……各町丁目ごとの人口を調査・把握するとともに、全サンプル数および各町丁目ごとの回収サンプル数を割り出す。

④公式に該当数字を当てはめ、商圏開発指数を算出する。

このような簡単な手順で、商圏開発指数を求める（九七ページ参照）。ただ、ここで求められる商圏開発指数は、該当町丁目の指数だということである。たとえば、九七ページの例の赤坂Ａ丁目の指数が「二二・五」であれば、赤坂Ａ丁目に住んでいる人の「だいたい四人に一人」が毎月自店舗を利用していると推定できる。

つまり、商圏開発指数とは、その地域の全人口中何パーセントが自店舗のお客さまかをあらわす数字である。それは、その地域の全人口のどれだけを自店舗のお客さまとして開発できているかという数字でもある。「商圏開発指数」と呼ぶゆえんである。

この方法を年に一～二回実施することで、マーケティング活動がどれだけ成果があったかを科学的に数字で評価することが可能となり、店長評価に加え、人財育成も高いレベルで推進できることになる。もちろん、マーケティング効果をはかるめやすとなるため、より効果的な販

アンケートの取り方

○よい例

- インタビュー方式……お客さまに直接インタビュー。
- インタビュー内容……活用目的を明確にして、設問内容を決定する。
- 実施方法……ひまな時間帯だけでなく、時間帯別の平均客数構成比から各時間の必要サンプルを集める。

＊忙しい時間帯のサンプルこそが最重要な情報である。

- 実施サイクル……商圏特性の変化に対応するため、年に1～2回は行う。

×悪い例

店内にアンケート用紙を置き、
店内ボックスまたは本部送付での回収をはかる方法。

↓

次のようなデメリットがある。

↓

- 回収サンプルが少ない（1パーセント未満）。
- 回収内容の信頼度が低い（クレーム、いたずらが多い）。
- 少数意見にふりまわされやすい。
- 来店時間帯・回収にバラツキが出る（顧客数に比例せず、データとして活用できない）。

促等の活動を展開する指針ともなり得る。

一般的なアンケート集計では、アンケートのたんなる回収率を出すだけであったり、全サンプルが一〇〇サンプルくらいと少なかったり、顧客分布を示すだけにとどまっており、商圏設定の資料とするにはいささか乱暴で、リスクも高いといわざるを得ない。

●「実勢商圏」の設定

各地域ごとの指数を算出すると、一〇一ページの事例にあるようなシートに記述していく。そして、「商圏開発指数↓五〜一三パーセント以上」の地域を「実勢商圏」として設定するのである。実勢商圏として設定した地域の全人口（実勢商圏人口。九七ページ「商圏開発指数&実勢商圏人口算出シート」参照）が、実際には不可能な数字ではあるが、究極的には、自店舗のお客さまとなるようマーケティングを展開していくことになる。

実勢商圏を開発指数「五〜一三パーセント」と幅をもたせたのは、商圏開発指数は、業種や業態によって大きく異なること、すなわち店舗の規模や商品の特性等によって生じる利用頻度の多寡による指数の変動を考慮したためである。

たとえば、利用頻度と商圏開発指数、業種との関係をあらわすとだいたい次のようになる。

〈利用頻度……月に一〜二回〉　実勢商圏＝商圏開発指数↓五〜八・五パーセント以上の地域
　主な業種↓ファーストフード、ファミリーレストランなど

〈利用頻度……月に三〜四回〉　実勢商圏＝商圏開発指数↓八・五〜一三パーセント以上の地域

実勢商圏をマップにあらわそう

たとえば、商圏開発指数の算出後、地図に数字をあてはめると下図のようになる。

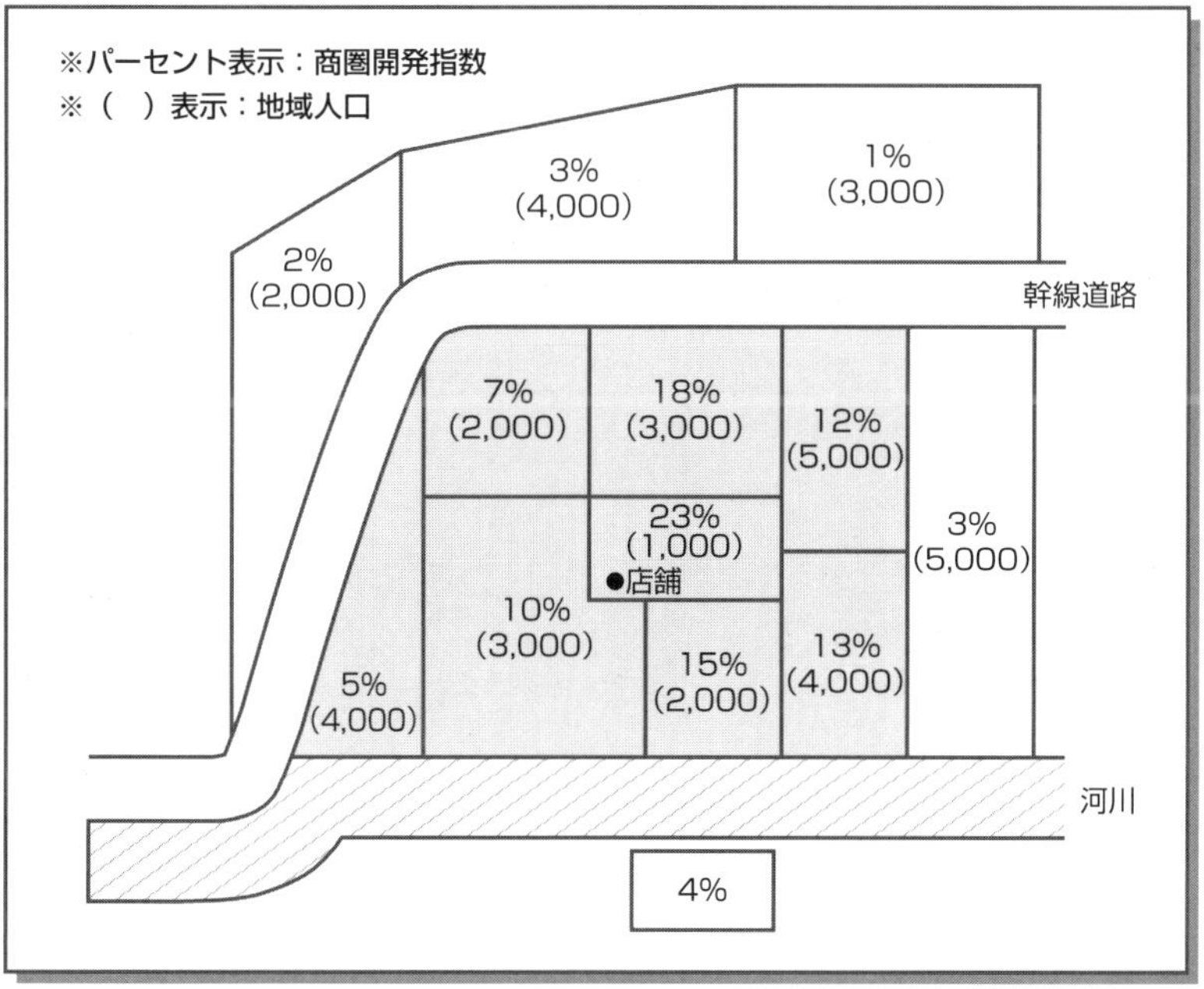

▷ 　　　　部分が実勢商圏

※このケースは商圏開発指数5%以上の地域としている。

▷ 実勢商圏人口： 24,000 人

地図を拡大コピーして、色で塗りわける方法もある。

主な業種→うどん・そば・ラーメン・どんぶりチェーン、コーヒーショップなど

〈利用頻度……月に四回以上〉　実勢商圏＝商圏開発指数→一三パーセント以上の地域

主な業種→コンビニエンスストア、スーパーマーケットなど

ただ、この関係も一つのめやすに過ぎず、精度をアップさせるためには、自店舗のデータの蓄積と分析が必要なことはいうまでもない。

自店舗の特性を反映した指数を把握し、より的確な商圏設定を実現していただきたい。必ずや売上げ増大を現実のものとすることができるはずである。

その他の商圏設定法

●仮説商圏設定法

これは、店舗を中心に「半径○キロメートル」と設定し円を描くことで商圏を決めるもので、てっとり早く最もポピュラーな方法といえる。

境界線をフィーリングで設定しやすいため誤差が大きくなりやすく、信頼性には若干欠けるが、一応のめやすにはなる。

たとえば、都市型（都市内の店舗展開）であれば、一キロメートルをめやすにする。歩行者の平均速度は時速四キロメートル、消費行動範囲は一〇～一五分以内という一般的データをもとに算出した数字である。

一方、主要道路沿いで店舗展開する郊外型は、お客さまの大半が車を利用することから、商圏算出の基礎を車に置いている。すなわち、主要道路の車の平均速度は、渋滞や信号待ちなどがあるため時速九～一三キロメートル、消費行動範囲一五分以内というデータをもとに算出された二～三キロメートルを、商圏設定のための距離として用いる。

もちろん、この場合でも、業種や業態による利用頻度や消費行動範囲に差があるので、都市型・郊外型ということだけに着眼して距離を設定するのは、あくまで仮説の域の話である。また、これまでは、多くの労力と時間を費やしていた作業だが、パソコンで一瞬にして商圏人口を算出できる店長向けの安価なパソコンソフトであるＧＩＳ（地図情報システム）も売り出されている。

●実査法

商圏内をくまなくまわり、みずから〝五感〟を駆使して情報を収集するフィールドワークを「実査」といい、そうして得た情報をもとに商圏を設定する方法を「実査法」という。

この場合、必要なのは、なんといっても来店するお客さまのおおよその範囲を知ることである。そのためには、実査前に、お客さまの来店手段を調査しておくことが必要である。徒歩か自転車か、バスか自家用車かを知ることで、お客さまの住む範囲が推定できるからである。さらに、それを数字で把握し、構成比を算出しておけば、より合理的な実査が可能となるが、都市型か郊外型かによって、実査するエリアポイントが大きく異なることになる。

実査は、当然、お客さまの来店手段に応じて、徒歩、自転車、バスなどによって行わなければならないが、それぞれの来店手段による商圏範囲は一般的に次のようにとらえられる。

- 徒歩の商圏範囲………一〇〜一五分
- 自転車の商圏範囲……一〇〇〇〜一五〇〇メートル
- バスの商圏範囲………一〇〜一五分

このことを踏まえて、あらかじめ顧客マップを作成しておくと、実査の際、大いに役立つ。

ところで、実査には、次のような原則がある。

一つは「五感駆使の原則」である。前述したように、商圏内をくまなく歩き、みずからの五感、すなわち視覚、聴覚、嗅覚、味覚、触覚を大いに駆使して情報収集に努めるということである。もう一つは「仮説・検証の原則」である。「なぜ？」から「やはり……」というような思考のプロセスを繰り返すことである。そして、事実の把握に努めることが必要だ。たとえば、次のような具合である。

「なぜ、細い路地なのに、自転車で通る人が多いのだろうか？」……疑問
「この路地は、駐輪場への近道ではないか」……仮説
「もしそうだとすると、人々について行けば駐輪場に出るはずだ」……例示
「やはり、駐輪場に出た」……検証

逆に、「駐輪場ではなかった。大規模小売り店だった」となれば、仮説の否定となる。

このような手順を踏むことが、より具体的で生きた情報を得ることにつながる。

●ＴＧ調査法

ＴＧとは、すでに述べたとおり「人の集まるところ」のことである。「ＴＧ調査法」とは、自店舗周辺のどのＴＧ施設が売上げに寄与しているか、どのＴＧが売上げに寄与していないかを調査し、寄与しているＴＧを中心に商圏として考えていこうとするものである。

そのためには、

①付近の同業種の利用頻度
②自店舗の利用頻度
③来店直前にいた場所
④来店後に行く場所

の四点を来店したお客さまにアンケート調査することが必要だ。この場合、アンケートの取り方に偏りがあると、当然、データの信頼度が下がることになる。

ＴＧ調査を通じて、マーケティングに最も適したＴＧはどこか、どこから来て来店し、どこに行くのか（フロムトゥ分析）、どの客層に、どの曜日のどの時間帯に絞ればより効果的かといった情報が得られる。さらには、競合店の利用回数等を知ることで、潜在購買力の把握も可能である。

また、店舗周辺にオフィスが多い場合は、「どこに住んでいるか？」という情報よりも「どこから来るのか」という情報のほうが活用でき、結果を出しやすいのはいうまでもない。

●顧客データベース法

最近は、ポイントカードやメンバーズカード等が普及して、顧客リストをもっている店舗も多い。しかし、その活用となると、宅配ピザのチェーン店などを除けば、せいぜいダイレクトメール送付に利用するぐらいで、それ以外にはほとんど活用されていないというのが実態だ。せっかくの顧客リストを有効に活用しない手はないというわけで、商圏設定に用いたのが「顧客データベース法」である。すなわち、前述した商圏開発指数法の際実施したアンケートのかわりに顧客リストを用いて、各地域の商圏開発指数を算出するのである。

ただ、この方法では、商圏開発指数法と違って、データの収集に時間がかかったり、その整理に手間がかかって鮮度にバラツキが生じたり、サンプル抽出も偏ったものになりやすい。

これらの点を解消できれば、商圏開発指数を活用することで、信頼度はグッと上がることになる。

●ドライビングタイム法

これは、大手のスーパー銭湯チェーン店などのように、お客さまの大半が来店手段として車を利用する郊外型の店舗に活用されるもので、実査またはＧＩＳ（地図情報システム）ソフトで商圏を設定する方法である。自動車の旅行速度とドライビングタイム（運転時間）から距離を算出する。道路による広がりを特徴とする。

2 商圏内統計データを有効活用する

商圏を設定するということは、いうまでもなく、合理的に店舗を運営するために地域的な線引きを行うということである。その結果、自店舗だけでは調査・収集し得ないような多くの〝商圏限定統計データ〟を生かすことができる。たとえば、地域の年間小売り販売額は、ストアレベル・マーケティング上、その地域の「潜在的購買力」の決定要因の一つであるし、実勢商圏を把握するうえでも、統計データが不可欠である。

店舗運営に生かせる統計データとして、次のようなものがあげられる。

- 昼間人口
- 夜間人口……総数、男女別、年齢別
- 世帯数……単身世帯、核家族世帯、一般世帯といった家族構成
- 住宅……総数、一戸建て世帯数、共同住宅、持ち家、借家
- 学校数、学生数
- 事業所数、従業員数
- 駅乗降者数

- 商業統計……年間小売り販売額等
- 道路情報……交通量、旅行速度

もちろん、これ以外にも、店舗運営に生かせる統計データは多くある。しかし、これら多くのデータから成果を導くためには、活用の〝目的・目標〟を明確にすることが必要である。あまりにも情報量が多いため、情報を活用するにまで至っていないケースが多い。しかし、これら多くのデータから自店舗に必要なデータを整理・抽出し活用すれば、競合店との大きな差別化も実現する。実際にこのプロセスを実行し、競合店の六倍の成果を出しているケースもある。

とにかく、商圏内に関する自店舗に必要な統計データの収集・分析を行い、仮説・検証を繰り返し実行する。その結果、自店舗に必要な情報を得ることになり、看板やチラシの内容、またはチラシ配布方法・配布地域、商品の品ぞろえに至るまで、より的確なマーケティング活動の展開が可能となる。

第5章
顧客を倍増させるプロモーション戦略

客数増大なくして売上げ増大なし。
客数を驚くほど確実にアップさせる
戦略・戦術を体得しよう。

1 プロモーションが必要な理由

客数を増加させる

●売上げはこれで決まる

マーケティングやプロモーションというと、大規模チェーンだから実行できるのであり、小規模または個人店には無縁なことと思われがちである。

しかし、これは誤りである。マーケティングに規模の大小は関係ない。合理的で自店舗の特性を生かした、特性の生きるマーケティングを展開することで、どんな店舗であれ、売上げを伸ばすことは大いに可能なのだ。いや、それなくしては生き残れないというのが現実なのである。

マーケティングにおける活動の一つにプロモーションがあり、「販売促進活動」と邦訳される。何のための販売促進か。答えは、いうまでもない。「売上げ増大のため」である。では、「売上げ増大」のためにはどうすればよいか。

①より多くのお客さまに来店してもらう（客数増大）
②より多くお買いあげいただく（客単価アップ）

の二つを実現することである。すなわち、売上げは「客数×客単価」によって決まり、この二つの項の値を増すことで、売上げ増大は現実のものとなる。ただ客単価アップも、客数が増大しないことには、実現できない。その意味では、プロモーションは「顧客および消費者が自店舗に来たくなるよう、モチベーションを与える活動プログラム」と定義することもできる。

●カギを握るＱＳＣ

客数を増加させる方策として、

- 新規顧客の獲得
- 固定客化とその来店頻度の増大

の二点をあげることができる。

この二点を実現させるために、さまざまなプロモーション活動を展開するわけだが、この際キーポイントとなるのが、第2章で述べた「ＱＳＣ」である。ＱＳＣを高レベルに保ち、来店したお客さまに満足感を感じさせることができてはじめて、お客さまはリピート（再来店）するのであり、そこには当然相関関係がある。

この関係をマネジメントに生かすことを「Customer Relation Management＝ＣＲＭ」というが、これは次のように定義されている。

POINT

売上げは「客数×客単価」で決まる。そこで、売上げを増大させるには、消費者の一番ニーズのある価格帯を訴求するとともに、集客力の大幅アップが不可欠となる。

「顧客満足度を向上させて、顧客との長期的な関係を築くという概念。『顧客関係管理』などと訳される。顧客一人ひとりのニーズにきめ細かく対応することで、顧客の利便性と満足度を高め、顧客との関係を強化し、企業収益の向上に結びつけることを目標としている」（越智洋之監修『読んでわかるＩＴ用語の基礎知識』青春出版社）

これをもう少し実務に生かせるように、アンケート調査を通じて得られた来店頻度とお客さま満足度との相関をあらわしたのが一一三ページの表である。来店頻度によって、お客さまは、ヘビーユーザー、ミディアムユーザー、ライトユーザーに分類することができる。

●「ユーザー分類」把握のメリット

売上げを上げるためにはお客さま満足度を上げリピートしてもらう必要があるが、はたしてどれほどリピーターがいるのか、どのようなユーザーが多いのかを把握しておくことが重要である。

しかし、お客さま満足度を上げてリピーターを増やそうとは思っても、その回数についてまで思いをめぐらす店長は少ない。お客さま満足度を高めるためになんらかの方策をとってみるものの、それがどのようなユーザーとなってリピートしているかということが認識されずじまいで、現場のスタッフに、どんなユーザーが多いのかと問うても、答えが返ってこないようなケースがほとんどなのである。

これは、プロモーション活動等を展開するうえで、大きなロスにつながりかねない。どんな

来店頻度とお客さま満足度の相関

来店頻度とユーザー分類	お客さま満足度
ヘビーユーザー 月4回以上来店 （週に1回以上）	●QSCに満足している ●その他の付加価値がある ●便利性がある ●その他
ミディアムユーザー 月に2～3回以上来店 （月1回以上で週1回未満）	●便利性がある ●QSCにほぼ満足している ●その他
ライトユーザー 月に1回未満来店 （半年に1回以上で月に1回未満）	●店舗で売っている商品が好き ●QSCは意識していない ●その他

◎来店頻度とユーザー分類は業種・業態によって異なる。
コンビニエンスストアやコーヒーショップ等のように、1日2回以上来店する顧客もいる業種では、これらの顧客を「スーパーヘビーユーザー」と位置づけている。

地域にどんなユーザーが存在するかを把握しておけば、たとえば、配布するチラシで訴える内容に変化をもたせることもできるだろう。すなわち、その地域のお客さまにより的確に対応したフレーズを掲載することが可能になる。

ヘビーユーザーの多い地域に、「ぜひご来店を！」と訴えて限りある紙面をつぶすよりは「ここがさらにグレードアップ！」と訴えたほうがユーザーの〝来店モチベーション〟を高めることになる。

逆にライトユーザーの多い地域には「一度ご来店を！」と積極的に来店を促すフレーズ・内容でチラシを構成したほうが効果が上がるだろう。

●〝口コミ〟の重要性

お客さまの利用頻度を把握しておけば、クレーム処理に的確に対応できるというメリットもある。より高度なＱＳＣを実現するうえで、それは大きな糧となるはずのものである。大切なのは、クレームをつけるお客さまの大半はヘビーユーザーだという事実である。他の店舗には行きたくない、あなたの店舗が好きだという気持ちが、ここを改善してほしい、あるいは昨日までとここが違うといったクレームとなってあらわれるのである。

店舗にとっては、実にありがたい〝忠告〟ともいうべきものであり、迅速に正しく対処することが必要であり、迅速に正しく対処されれば、ヘビーユーザーはそこでまた満足感を覚え、その対処のみごとさ、店舗の好イメージを〝口コミ〟で他に伝えてくれる。逆に、ライトユーザーは、あまり期待していないという一面があるので、不平・不満があってもクレームをつけることもない。

ただ、アメリカのデータによれば、来店して満足したお客さまは、一三人にしか満足したことを話さないが、店舗でいやな思いをし、満足できなかったお客さまは、二六人もの人にそのことをおもしろおかしく話すという。常日頃からＱＳＣレベルの向上に努めたい。

客単価を上げる

●四つの基本戦略

客単価を上げるとは、いうまでもなくお客さまにより多くお買い上げいただくということである。具体的には、次のような方法をとることで実現される。

●ワンモアアイテム（アドオンセールス）……関連商品を並べて陳列するなどして、今買おうとしているものに、さらにもう一品つけ加えて購入してもらう。

●トレードアップ（サイズアップ）……最初に買おうと思っていたものよりも、サイズの大きいものを買ってもらう。

●グレードアップ……ワンランク上の品質の商品を買ってもらう。

●グループサイズアップ……友達や家族などの同伴者数を増やす。

これが客単価を上げるための基本戦略といってよい。一番簡単なのは、いうまでもなく値上げであるが、客離れの引き金になりかねずリスクが大きいので、絶対に避けるべきである。とにかく、いかにお客さまの購入点数を上げるかがポイントである。

ＰＯＰ戦略、フロアーサービスなどの店内活動に加え、商圏でのよいイメージづくりに努め、商圏でそのイメージと存在が認められるようになれば、お客さまの来店の機会も増え、購入点数に反映させることも大いに期待できる。

2 プロモーション決定手順

目的の決定

●ポイントを絞る

プロモーションが売上げ増大のために行われるものであることは、いうまでもない。しかし、一口に売上げ増大といっても漠然としすぎていて、どうしてもポイントを絞る作業が必要になる。要するに、「目的」の明確化である。このとき力を発揮するのが、自店舗の「機会点と問題点の整理表」（九二ページ参照）である。

この表から、自店舗の機会点のどの内容をさらに伸ばすのか（それとも自店舗の問題点の改善をめざすのか）という判断をする。そして、どのターゲット（消費者）に絞るのか、そのためにはどのようなアクション、プログラムを展開すればよいのか詰めていくのである（一一九ページ参照）。

このとき、自店舗のニーズやキャパシティを考慮することを忘れないようにしたい。キャパシティとは、単に店舗の物理的な容量だけにとどまらない。それだけのプロモーションをしても、サービスや品質などのQSCに支障が生じないといったこともすべて含むと考えることだ。せっかくお客さまを来店させても、十分な満足度をお客さまに与えられる状況を整えておかなければ、かえって悪い結果を招くことになってしまうからである。

同時に、商圏の動きや特性、たとえばTGのイベントや給料日はいつかといった情報を押さえ、的確に対応することが求められる。

●新規顧客の開拓

固定客の来店頻度のアップだけをねらった戦略では、大幅な売上げ増大は期待できないことを知っておきたい。固定客をないがしろにしろということではない。しかし、いかに固定客といえどもリピートするにも限りがあるし、プロモーション活動を行えば必ずリピートしてくれるという保証もない。限られたポテンシャルでのセールスは必ず壁に突き当たるものである。

そこで、必要になるのが、新規顧客の開拓である。毎月七〜一二パーセントの新規顧客を獲得しないと前年割れをするというデータもある。とにかく、新たなビジネスチャンスは、まさに新規顧客がもたらしてくれるといってもよい。どのようなアクションをとるにせよ、この点への配慮を忘れると、それこそ店舗運営の道も閉ざされかねないのである。

戦略決定シートⅠ——目的の決定

①「機会点と問題点の整理表」より——機会点においてチャンスの大きい内容は何か?

「機会点と問題点の整理表」から、機会点に着眼し、より可能性のある内容に焦点をあて、ねらいを絞る。

②売上げ構成で問題となっている原因は何か?

客数と客単価に着眼し、売上げが増大または減少している原因を探る。たとえば、売上げが減少しているとすれば、それは客数、客単価のどちらに原因があるのか、また客数が減少しているのなら、それは固定客の減少なのか、それとも新規顧客が獲得できていないためなのか、などを浮きぼりにする。

③上記②の原因をふまえ、これから行うプロモーションの目的を決定する。それはどのような内容か?

②から、具体的な目的を導く。
たとえば、「客数」は伸びているが、「客単価」が伸び悩むようなケースでは「購買意欲はあるが、なかなか買う行動に結びつかない」と判断できる。

そこで、購入点数を上げることにねらいを定め、戦略を導き出す。

プロモーションによる獲得売上げを予測する

●ＡＯＳを売上げ目標に組み込む

どんな店舗でも、必ず次年度の売上げ目標・計画を立てる。そのとき、前年度や今年度の売上げ傾向から、売上げの目標値を算出するのが一般的といってよい。たしかに、その目標値を達成することで前年並みの傾向を描くことは可能だろう。しかし、それでは、より大きな成果をあげることはむずかしい。

なぜなら、「売上げ目標」プラス「プロモーション活動による獲得売上げ（これを「Add on Sales」という。以下「ＡＯＳ」と呼ぶ）という考え方が欠如しているからである。残念ながら、多くの店舗が、ＡＯＳを売上げ計画に組み込んでいないのである。

たとえば、前年傾向から算出した売上げ目標を一〇〇〇万円とするなら、ＡＯＳによる売上げ目標を二〇〇万円とし、計一二〇〇万円を売り上げることを目標とするのである。

たしかに傾向値といってよい一〇〇〇万円を売り上げれば、前年度並みの水準は達成できるだろう。しかし、それで、はたして店舗は安泰だろうか。固定客がいつまでも固定客としてある保証はどこにもない。競合店舗が新たな展開を見せるとも限らない。すなわち、きわめて不安定な経営となることを余儀なくされる。

そのような不安・ジレンマを打破するのが、ＡＯＳにほかならない。ＡＯＳがあってはじめて、競合店打倒も可能となる。前述したように、競合するマーケットのなかで共存共栄はあり得ない。競合する他店舗を打倒しないことには、売上げを伸ばすことはむずかしいのである。プロモーション活動は、その意味では、競合店打倒の戦略・戦術といっても過言ではない。その発想がないところに、店舗の躍進はあり得ない。

●ＡＯＳを予測するためには

ではＡＯＳをいくらに設定すればよいか。つまり、プロモーション活動による売上げ目標値をどこに置くかということである。ただ、そのためには、このプロモーションを展開すれば、これだけの売上げが見込めるということを把握しておく必要がある。

ところが、このプロモーションによってこれだけの売上げが期待できる、目標値としてこのくらいの数字をあげることができるという具体性・正確性に欠けるケースが少なくない。

それは、とりもなおさず、これまでのデータの蓄積がないからである。端的にいって、これまでプロモーションによってこれだけ稼ぐという発想がなかった、もしくは非常にアバウトで感覚的なプロモーション活動を展開してきたがゆえである。

もちろん、まったく誤差なく正確に予測するということは困難である。しかし、その誤差をできるだけ少なくすることは可能なのである。そのために必要なのがデータにほかならない。すなわち、プロモーションを実施するごとに、

- （チラシなどの）回収率
- 売上げの変動

●客単価の変動

などのデータを出し、もちろんそのつど分析し予測精度を上げることが必要であるが、そのデータを保管しておくのである。プロモーションにこの方法を用いればこれくらいの売上げが見込めるという判断要素、尺度として利用するためである。

また、一般的に、店外においてチラシやクーポン券を配布するか、ポスティングを実施した場合、

●来店型の業種・業態の場合……回収率二～三パーセント以上
●宅配型の業種・業態の場合……回収率八～一〇パーセント以上

を一つのめやすとしている。このようなデータにもとづく〝手ごたえ〟によって、ＡＯＳを予測することもできるだろう。

次のようなケースもＡＯＳをアップさせる判断要素となるので、参考にしていただきたい。

●一定期間売上げが確保された実績があり、来店頻度を実質的に上げられると判断できる場合
●自店舗の中心客層をターゲットにしたプロモーションが展開できる場合
●シンプルなメカニズムのプロモーションが展開できる場合（メカニズムがシンプルであるほど、消費者へのインパクトが大きく、売上げは上がりやすい）

●予測が大切な理由

このＡＯＳをできるだけ正確に予測することは、店舗運営の責任者たる店長必須の条件とい

事例研究——クーポン券にAOS欄を設けたケース

《表》

《裏》

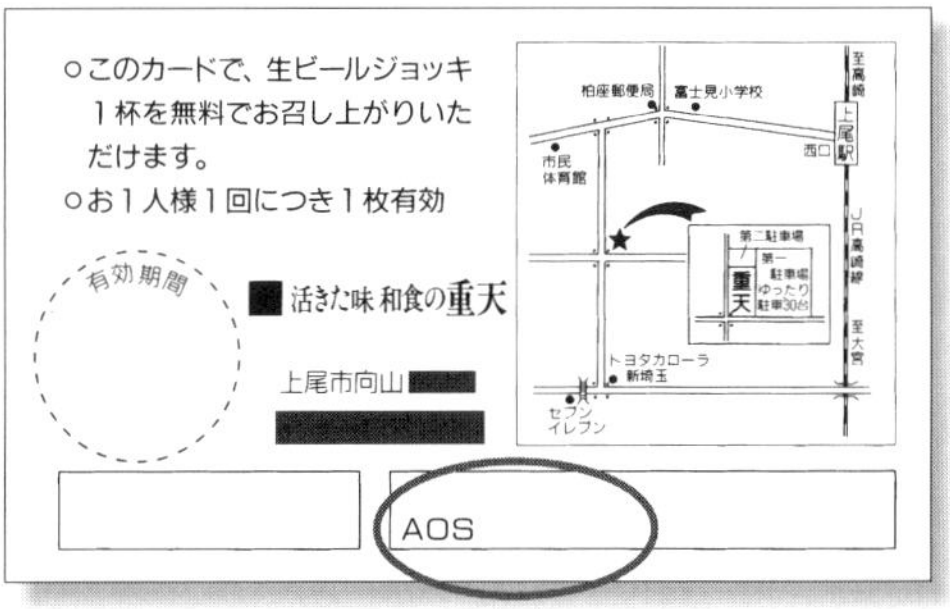

①会計時にクーポン券を回収する。
②その会計の合計金額を記入する（AOS欄）。

このカードのAOS欄に記入されている金額は

ストアレベル・マーケティング活動で獲得した売上げ。
これこそまさにあなたの力で売上げを増大させた証し。

ってよい。チェーン店などの場合、当然、それが店長評価にもつながる。

「売上げに対してＡＯＳは何パーセントに設定しているか」と問われ、即座に「〇パーセントです」と答えるだけの知識をもちたい。その初歩的といってよい責任を果たすためには、前述したようなＡＯＳを正確に予測する尺度をもっていることに加え、ＡＯＳの売上げ対比を正確に把握している必要がある。

もちろん、そのためには、ストアレベル・マーケティングの経験を積むとともに、データを蓄積し正確に読みとることも必要である。

では、なぜ予測することが要求されるのか。次項でくわしく述べるが、一つは、予測にもとづいて、プロモーションを展開することが可能となるからである。たとえば、プラスになることが予測できれば、さらにプラスの値を大きくするようなプロモーションを展開することができるし、マイナスの予測がつけば、マイナス分をリカバリーするためのプロモーション活動を展開することができる。

すなわち、より正しく予測する、予見することによって、先手を打つことが可能となる。

「先手必勝」という言葉があるが、後塵を拝すれば、それだけ巻き返しのエネルギー、コストが必要になる。もちろん、単純に、時機を逸するという事態も考えられる。裏返せば、予測のたたない状況では、売上げをコントロールすることもできないし、利益の上がらない確率も高くなるということである。

ところが、店の責任者として、ただ店長を置いておけばいいとか、たまたま商圏内の変動、たとえば競合店が減ったために売上げが上がったような場合をとらえて店長評価を下すといったオーナーも多い。そこには、あきらかにプロセス管理の考え方が欠如している。日本的経営は結果主義に陥りがちで、プロセスを軽視する傾向がある。

また、「売上げ計画」は経営そのものといってもよいが、売上げ計画と実績の差異があまりにも大きいケースがめだつ。その多くは、実績が計画を大きく下回り、資金繰りに追われている。筆者らは、正しい売上げ計画の算出方法と達成方法とにポイントを置き、経営指導を行っている。

●予測はこうして生かす

ここで、予測の生かし方について具体的に見ていくことにしよう。一二七ページの図を参照していただきたい。月間売上げ目標を一〇〇〇万円と設定した事例である。ところが、一五日経過した時点で、四〇〇万円しか実績があがらなかった。ということは、三〇日経過した時点での売上げ着地は八〇〇万円と予測され、目標に対して二〇〇万円のマイナスが出ることになる。そこで、そのマイナス分をカバーするために、残りの一五日間でプロモーション活動を行い、そのマイナス分をリカバリーすることが必要となる。

では、具体的にどんなプロモーションを展開すればよいのか。このケースでは、これまでのデータから、クーポン券一枚あたり一〇〇〇円の売上げを獲得することがわかっている。クーポン券の回収率は、一〇パーセントだ。

POINT

売上げ計画と実績の差異は、プラス・マイナス5パーセント以内の精度が要求される。

ということは、二〇〇万円の売上げをカバーするために、

200万円÷1000円＝2000枚

二〇〇〇枚のクーポン券の回収が必要だということだ。しかし、クーポン券の回収率は一〇パーセント。

つまり、配布枚数をAとすると、A枚×〇・一＝二〇〇〇枚と考えることができる。Aは、二〇〇〇枚÷〇・一＝二万枚と算出できる。一六～三〇日間でクーポン券二万枚配布というプロモーションを展開すれば、二〇〇万円のマイナス分をカバーできることになる。

同時に、そのままでは売上げが達成できないような場合は、あらかじめスケージューリングしておいたパート・アルバイトがひまになる、手持ちぶさたになるので、クーポン券配布に彼らを動員すれば、コストの無駄の削減に通じることにもなる。

このように予測とデータをみごとに生かしきれば、マイナス分をカバーすることは十分可能なのである。なにしろ、売上げを予測することもなく、何の手を打つでもなく月末を迎えたならば、まるまる二〇〇万円のマイナスで「目標未達成」というおそろしい結果になっていたのである。

この事例から、

①売上げをみずから獲《と》る発想

②着地予測（今現在の売上げであれば、月末時はいくらなのかを予測すること）

③より具体的なリカバリーデータとアクション

月間着地売上げ達成例

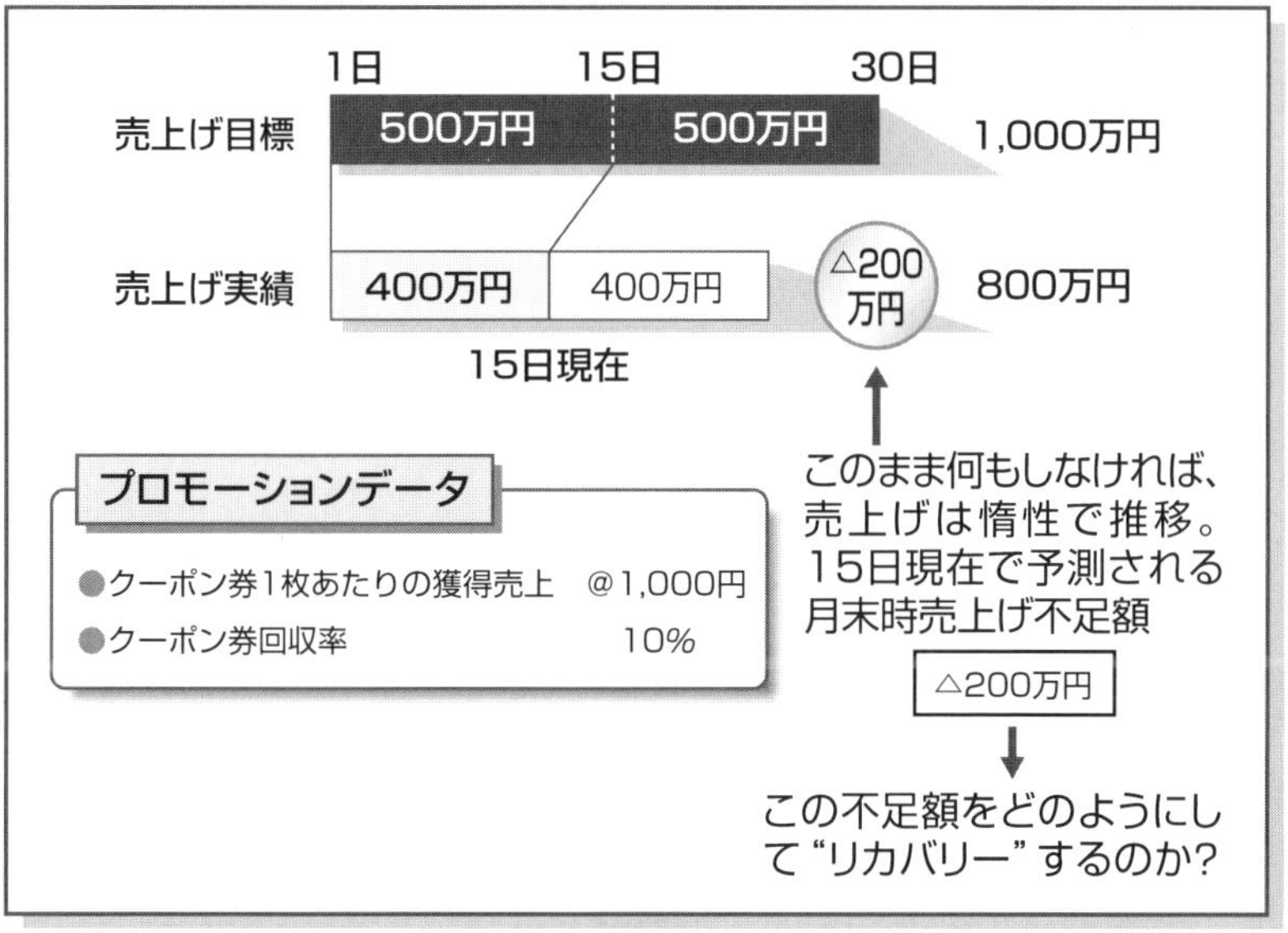

①月末までに△200万円の売上げをカバーするために必要なクーポン券の回収枚数は?

計算式：

（売上げ不足額）200万円 ÷ （クーポン券1枚あたりの獲得売上げ）1,000円 ＝ 2,000枚

答　え：2,000枚

②16日〜30日までに何枚のクーポン券配布が必要か？

計算式：

2,000枚 ÷ （回収率）0.1 ＝ 20,000枚

答　え：20,000枚

がいかに大切であるか、再認識できるはずである。

さらに月単位から、週単位、日単位、時間帯にデータを落とし込んでいけば、よりきめ細かな対応が可能となり、必ず売上げ目標は達成できるのである（一二九ページの表参照）。

売上げ達成の条件

●目標達成のポイント

目標を達成するために努力するのは、当然といえば当然の話である。ただ、努力という言葉は響きはいいが、具体性に欠ける。そこで、目標を達成するためのポイントとして次のようなことをあげておきたい。

①プロモーション開始の前日――この日までに、すべてを完璧に準備しておくこと。

②プロモーション開始当日――立ち上がり日は、多くの顧客の来店が予測され、また店側もなれていないなどの要因から、お客さまからのクレームがつきやすい非常に重要な日であり、店長、もしくは店長に次ぐ職位のスタッフが先頭に立って、プロモーション活動を行うようにする。

プロモーションは、木～日曜日にかけて開始することが多い。平日と休日の動きや客層の変化を考慮しながら開始・展開することが多いが、この三～四日間と次の週の一週間の動きで、プロモーションが成功するか失敗するか、八割がた決定するといっても過言ではない。この期

時間帯売上げ表の作成法およびデータ分析・活用法

作成法

①曜日別に時間帯売上げを4週間にわたり集計する。

②4週間分を時間帯ごとに合計し、その平均値を出す。

③平均値をさらに時間ごとに累計する。

④その累計が1日の売上げの**25%、50%、60%前後**になる時間帯をチェックする
　→**「実績傾向値」**。

〈月曜日〉（①：1〜4週間前）

時間帯	1 週間前	2 週間前	3 週間前	4 週間前	② 平均値	③ 平均累計	④ 実績傾向値
~12:00	31,247	26,338	28,464	6,751	23,200	23,200	10.72%
~13:00	17,639	17,293	25,838	5,910	16,670	39,870	18.42%
~14:00	**19,036**	**12,474**	**21,965**	**24,380**	**19,464**	**59,334**	**27.42%**
~15:00	892	10,972	5,061	11,466	7,098	66,432	30.70%
~16:00	1,554	8,683	4,399	6,673	5,327	71,759	33.16%
~17:00	3,981	24,368	11,917	12,820	13,272	85,031	39.29%
~18:00	**2,205**	**26,817**	**64,994**	**4,987**	**24,751**	**109,782**	**50.73%**
~19:00	**30,816**	**27,047**	**61,120**	**35,899**	**38,721**	**148,503**	**68.62%**
~20:00	26,544	34,524	36,654	51,186	37,227	185,730	85.83%
~21:00	21,619	43,731	10,531	28,528	26,102	211,832	97.89%
~22:00	2,982	4,347	3,651	7,255	4,559	216,391	100.00%
合　計	158,515	236,594	274,594	195,855	216,391	1,217,864	100.00%

分析・活用法

- 日々の営業において1時間ごとに売上げをチェックする。
- **実績傾向値**が25%、50%、60%前後になる時間帯を把握する。
- 上記ケースでは、25%→14:00、50%→18:00、60%→19:00である。
  - ・25%時点……14:00の時点で売上げ計画の25%を上回っている場合は、次のピークタイムに備える。もし下回っていれば、店外でクーポン券の配布を行うなど、売上げ増大のアクションをとる。
  - ・50%時点……1日の折り返し地点で、もはや1日の後半のピークで売上げを伸ばすしか、売上げアップはのぞめない→後半のピークをとるアクションをとる。
  - ・60%時点……このときマイナスであれば、1日の売上げ目標を達成することは困難。これ以降の時間は、いわば惰性で売上げを構築することになる→翌日リカバリーできるように、翌日の店外でのアクションなどの準備をする。
- まとめ→売上げを伸ばすためのアクションは、売上げ達成の60%時点までに行う。

間に、いかにインパクトのある印象づけができるかが勝負である。

特に立ち上がりの日に、混雑して身動きがとれないような状況であれば、お客さまは、もう来てくれない。このような事態が起こらないよう、店長は、立ち上がりの三〜四日間は、それこそ全力を投入すべきである。

お客さまとマンツーマンでパート・アルバイトが接するような場合は、パート・アルバイトにも、前日までにすべての正確な情報を公開し、スムーズな接客ができるような態勢を整えておく。プロモーションが始まってから、実際の接客を通してトレーニングをする、いうなればお客さまが実験台になっているようなケースが多い。これは、お客さまに不快感を与えることになり、絶対に避けるべきである。

プロモーション活動は、いわば〝みこし〟のようなものである。店長の責任は大きいが、店長一人で〝みこし〟をかつごうとしても無理がある。やはり〝みこし〟は全員でかついでこそ威勢も上がり、周囲の人間をまきこんでいくものだ。プロモーションも、店長のかけ声を背に、店舗スタッフ全員が参加してはじめて成功するものである。

とにかく、商品があれば売上げが獲得できるというものではない。むしろ、重要なのは〝売り方〟である。「売れないなら、店を磨いて客を待て」という時代は去った。待ちの姿勢では、勝てない時代なのだ。データにもとづく戦略・戦術のもと、積極的に店外に出て顧客を獲得する行動が求められる。

POINT

売上げを獲得するうえで、重要なのは、商品ではなく売り方である。待ちの姿勢では、売上げ増大はおろか、存亡の危機に陥る。

戦略決定シートⅡ——目標の決定

①現状分析——これまでの傾向値より今後の売上げ高、客数、客単価の推移はどうなるのか?

売上げ・客数・客単価から実績傾向値をつかみ、今後の方向性を予測する。

②プロモーションを行うことによっての売上げ目標は?

あなたは、プロモーションで、いくらの売上げを獲得したいのか?

③売上げの目標を達成するための客数および客単価の目標は?

上記①と②より導く。客数増をねらうなら、現状の顧客プラス新規顧客についても考えておくこと。ただし、客単価の目標設定に際しては、安易に単価を上げずに、プラス1品多く購入してもらうような戦略をとることが必要。

④したがって、売上げ目標は?

「現在の傾向値+プロモーション売上げ」が最終的に本当の意味での売上げ目標となる。

●プロモーションの実施時期

売上げ目標に届かないことが予測されるときなど、早急にプロモーション活動を展開することが求められることがある。しかし、そのようなケースでも、あらかじめデータにもとづき戦略を練っておけばあわてることもなく、的確なプロモーションを実践することができる。要するに、さまざまなケースに対応できるような仕組みを、あらかじめつくっておくことである。

一般的には、プロモーションを実施するにあたっては、

●どこにＴＧがあるか
●現在自店舗を利用してくれているお客さまは、どこに住んでいるか
●お客さまになる可能性のある人たちは、どこに住んでいるか

などを把握しておくこと。

ただ、これらは、きわめて重要なポイントには違いないが、これだけでは不十分である。これらに加えて、商圏の特性や、そこに住むお客さまのライフスタイルを知ることが求められる。

たとえば、

●お客さまの行動の傾向（仕事に出かける時間、買い物に出かける時間、家族とともに過ごす時間など）
●商圏内の会社や工場で働く人たちの行動傾向
●平日や週末の人の流れ、行動傾向

などの情報についても同様である。そして、何よりも、「お客さまが最もお金を使いやすい

戦略決定シートⅢ——対象（ターゲット）の決定

①「戦略決定シート」ⅠとⅡで導いたプロモーションの目的・目標を下記に記入する。

〈目　的〉

〈目　標〉

②「機会点と問題点の整理表」よりチャンスの大きい対象は？

原則として、問題点よりも機会点へアプローチ。なぜなら、自店舗の弱みにアプローチしている間に、競合店にやられてしまう危険性があるから。
しかし、競合店がすでに自店舗を脅かしているのであれば、競合対策としての対象決定が最優先される。

③したがって、対象を絞り込むと？
（アダルト、ヤング、キッズ等の年齢別で記入、ファミリーでも可）

メッセージを伝えやすくし、効果を上げるため、年齢別の対象を盛り込む。

時期」や「給料日はいつか」ということに着眼したい。

また、お客さまの一年間のライフサイクルを調べておくと、後手に回るリスクを避けることもできよう。一般的でおおざっぱな例を示せば、次のようなものである。

一月……正月	二月……節分、バレンタインデー	三月……春休み、卒業
四月……入学、新生活	五月……ゴールデンウイーク	六月……梅雨、衣替え
七月……七夕、海開き	八月……夏休み、お盆	九月……台風、文化祭
十月……衣替え、体育の日	十一月……秋の行事	十二月……年末行事

このようなサイクルを自店舗商圏の特性に応じて作成しておき、プロモーションの時期を決定する一つのめやすにするとよい。

●ターゲットをどこに絞るか

ターゲットとは、いうまでもなく、どの客層に向けてプロモーション活動を展開するか、ということである。大人か子どもか、女性か男性か、若者か中高年か、あるいはサラリーマンか学生か、などの的を絞り込めば、より効果的なプロモーション活動を展開することができる。

そして、どの層をターゲットにするかが決定すれば、そのターゲットに最も効果的なプロモーション活動ができる地域、時間帯、曜日、期間などを絞り込んでいくのである。

戦略決定シートⅣ——地域（エリア）の決定

①対象となる顧客の多い地域は？（商圏地図を活用する）

顧客の多い地域、顧客の少ない地域を商圏地図で知る。

②TGを考慮し対象となる地域は？
（来店の直前にいた、あるいはいたと思われる場所を記入）

来店前の場所がわかれば、ピンポイント攻撃による高い確率での集客が可能となる。

③したがって、プロモーションの効率を考えると、どの地域がベストか？
（費用対効果だけではなく、市場のポテンシャルも考慮して判断する）

顧客の多い地域と少ない地域が浮きぼりになるので、それぞれの地域別戦略で攻勢をかける。
既存顧客の多い地域には、来店頻度を上げるプロモーションを、既存顧客の少ない地域には、一度来店してもらうプロモーションを展開する。

そこで、「戦略決定シート」Ⅲ（一三三ページ）、Ⅳ（一三五ページ）、Ⅴ（一三七ページ）を参考にしていただきたい。

たとえば、シートⅢで対象が決定されれば、それがアダルト（大人）であればビールの割引券を配布するとか、キッズであればアイスクリームのクーポン券を配布するなどのプロモーション展開が考えられるであろう。

また、シートⅣで対象地域が決定されれば、その地域でチラシ配布などの活動を展開する。同様に、シートⅤを利用して期間が決定すれば、その期間にプロモーション活動を展開するという具合である。ただ、期間に幅があるがゆえの失敗もおかしやすいので注意したい。具体的にいうと、人出の多い年末に期間を絞ってクーポン券を配ったのはいいが、有効期間を年内としたために、年の瀬で多忙なお客さまにとってはリピートすることができないというようなケースである。

この場合なら、翌年の一月末あたりまでクーポン券の利用が可能ということにしておけば、お客さまの多い正月休み以後の、客数の落ちやすい時期をカバーすることもできるだろう。すなわち、お客さまも店舗もメリットを享受できることになる。

このような戦略決定の手順は、考えてみれば当然のようだが、実際には、店舗の都合でこれらを決定することが多いのである。お客さまの立場を考慮するためにも、シートを利用して、戦略を練ることをおすすめしたい。保管しておいて、次の機会の参考にすることはいうまでもない。

戦略決定シートⅤ――期間の決定

①現在より考えて、販売促進ツールの制作日数および他の準備期間はどのくらいかかるか?
（チラシ、ポスター等のPOPの他、無料券や割引券、メニューの変更があれば、その制作も考慮、またオペレーションやサービスなどの対処方法のトレーニング期間も含む）

準備期間については、あらかじめ把握し、計画しておく。印刷物のスケジュールは、校正時間も考慮に入れ、計画しておく。

②対象の動向や地域的行事、催事の予定は?
（春・夏・冬の長期休暇、お盆、年末年始、5月の連休、また商店などの催事、学校のイベント等）

毎年定期的に実行される行事、不定期な催事、イベント等は、6カ月サイクルで計画できるように、あらかじめ情報収集しておく。
年末年始のピークを獲るために、8月から準備に入るケースもある。

③したがって、最も適切な期間は?

クーポン券やチラシ等の配布期間や回収期間を考え、プロモーション実施期間を考える。
例　年末年始プロモーション
・配布期間……12／15～25→クリスマスシーズンに向かい、客数が多い時期に徹底的に配布。
・回収期間……12／15～１／15→年末年始の客数増をねらう。年末年始に顧客がクーポン券を利用しやすいタイミングを考えて回収期間を設定する。
＊それぞれの期間は、店舗利用頻度が異なるため、業種・業態で変動する。

3 この戦略なくして成功はあり得ない

プル戦略とプッシュ戦略

●二大戦略の定義

売上げ増大をめざしてプロモーション活動は展開されるわけであるが、その戦略は、「プル戦略」と「プッシュ戦略」の二つに大別される。

二つの戦略は、一般的には次のように定義されている。

●プル戦略……消費者需要を喚起するために、広告や消費者向けプロモーションを行うこと。

●プッシュ戦略……製品が消費者へ到達する過程において、小売り側が消費者に対し製品をプッシュするために行う直接的な働きかけのこと。

これを、もっとわかりやすく実務的に表現すると、

●プル戦略……いかに「入店させるか」「入店してもらうか」

●プッシュ戦略……いかに「商品を購入してもらうか」「一品でも多く購入してもらうか」

ということになる。つまり、①できるだけ多くの消費者を店舗まで引きつけ、②引きつけた消費者（お客さま）にできるだけ多く消費してもらう、という二つの戦略に大別される。前述したように、売上げが、「客数×客単価」によって構成されていることを思えば、まさに理にかなった戦略といえる。この二つの戦略をバランスよく実施することによって、売上げ増大は確実に実現していくことになる。

ただ、日本の店舗の多くはプッシュ戦略に偏りすぎる傾向がある。消費者に店舗まで足を運んでいただくという発想が希薄で、そのためのプロモーションがほとんどなされていない。したがって、新規顧客の獲得がなかなかスムーズにいかないという悪循環を形成していることが多い。

前述したように、新規顧客をいかに獲得するかどうかが、ビジネスチャンスをふくらませるか、それともしぼませてしまうかを決定づけるといっても過言ではない。たとえば、前年度売上げを上回るには、お客さまの七～一二パーセントは新規顧客が占めるという状態をつくりださなければならないというデータもある。プル戦略は、新規顧客の開拓上、絶対条件だということを肝に銘じておきたい。

プロモーションでは、チラシや折込み広告、クーポン券など、さまざまなツールを、

①街頭で配布する
②パート・アルバイトが配布する
③事業所訪問に使用する

④ポスティング（郵便受けに投函）に使用する
⑤ダイレクトメールに使用する
といった使用スタイルやＴＰＯに応じて使い分ける必要がある。

同時に、プル戦略上必要なのか、プッシュ戦略上必要なのか、という戦略を見すえ、それに見あったツールを選ばなくてはならない。当然、ツールに記すキャッチコピーなども戦略を的確に反映するものでなくてはならない。

●店舗外のお客さまへのアクション――プル戦略

プル戦略の目的は、お客さまとして自店舗まで足を運んでもらい、いかに入店してもらうかである。プル戦略は、効率よく、また効果的に実施するために、次のような優先度に応じて展開する。「重要度」といい換えてもよい。

〈優先順位①〉店舗前へのアプローチ………店舗前を通る人をいかにお客さまにするか。
〈優先順位②〉店舗周辺へのアプローチ……店舗周辺の人をいかにお客さまにするか。
〈優先順位③〉商圏へのアプローチ………商圏からいかに人を店舗まで連れてくるか。

優先度①の自店舗前の人を自店舗に引き込むための戦略を充実させておくことは、店舗運営の絶対条件といってよい。どんなに遠くから人を引っ張ってきても、お客さまとして店舗内に入らないことには売上げが上がるわけがない。

店舗前におけるマーケティングの基本は、なんといっても、店舗視認性レベルが高く保たれていることである。店舗の存在を示す看板があるか、何屋かすぐにわかるか、イメージはよいかといったことが、競合店よりも高いレベルに保たれていることが不可欠である。

店舗視認性に問題があれば、商圏内でチラシをまいて自店舗近くまで人に足を運ばせることには成功しても、隣接する競合店のほうがめだっていてイメージもよければ、お客さまは競合店に奪われてしまう。それでなくても、人には、めだつ店に入る傾向がある。店舗視認性には、常に気を配らなくてはならない。

●来店したお客さまへのアクション――プッシュ戦略

自店舗内に入ったお客さまに、いかに購入単価、消費単価を上げてもらうか、そのためのアクションがプッシュ戦略である。

プッシュ戦略にも、優先順位がある。やみくもに「買ってください」とお客さまに懇願しても、お客さまを不快にさせるだけである。

〈優先順位①〉高いレベルのＱＳＣを提供する

より高いレベルのＱＳＣを提供することで、お客さまの満足度を満たすことが、まず求められる。ＱＳＣに問題があれば、せっかく来店したお客さまが、すぐに店舗から出ていってしまわないとも限らない。しかし、お客さまは満足感を得ることができれば、固定客としてリピートしてくれるだけでなく、口コミで店の宣伝をしてくれるのである。

〈優先順位②〉店内ＰＯＰの掲示

ＰＯＰとは、単なるポスターにとどまらず、チラシからメニュー、看板などさまざまなものを含むが、ここでは、商品購入の促進、さらには再び来店してもらうためのモチベーション〈動機づけ〉形成を目的とした内容のＰＯＰをさす。

店内ＰＯＰを掲示するとき注意したいのは、「入り口→店内→出口」というお客さまの動線を考えたＰＯＰ掲示を行うことである。動線を無視し、たんにベタベタ貼っただけのＰＯＰは、乱雑な感じがして印象が悪く、お客さまの消費意欲を刺激しにくい。たとえば、出口に「次回、○○キャンペーン」と銘打つ告知を貼り出しておけば、○○の商品名を浸透させるだけでなく、お客さまがリピートするモチベーション形成に一役買うことにもつながる。

〈優先順位③〉推奨販売（サジェスト）

たとえば、「ポテトはいかがですか」「デザートはいかがですか」といって、商品購入を促進するアクションのことである。いうまでもなく、客単価のアップをねらった活動である。

以上のような、お客さまを満足させ消費意欲をかきたてるような店舗内でのマーケティング展開・仕組みがなく、商品のディスカウントに偏ったプロモーションを展開している店舗が多い。しかし、それでは、店舗外のプロモーションでいかにお客さまにモチベーションを与え、来店してもらったとしても、消費行動にはなかなか結びつけることができない。

プロモーションメカニズムの決定

●しかけ・仕組みを整える

プロモーションメカニズムというと少々かたくなるが、要はプル戦略とプッシュ戦略をバランスよく組み込んだプロモーションのしかけ・仕組みのことである。

「プロモーション＝ディスカウント」と思い込みがちであるが、これはあきらかに間違いである。プロモーションとは、すでに何度もふれてきたように「販売促進」の意味で、「安売り」のことではない。「ディスカウント」は、プロモーション活動の一つにすぎない。

何かプロモーションを展開しなくてはという思いだけをバネに、仕組みや根拠もないまま、ディスカウントという手法を用いれば、単なる競合店との安売り競争、もっとつきつめた言い方をすれば消耗戦に発展しかねず、賢明な策とはいえない。

よく「お一人さま一点限定」と銘打って目玉商品を打ち出し激安販売をする例を見かけるが、実のところ、一人が三点も四点も買い込んでいることが少なくない。いわゆる〝バーゲンハンター〟の餌食になってしまっているのである。

また、安売りをすれば粗利益が下がり、スタッフ数を減らして人件費を浮かせようとする。そうすると、お客さまへの対応がおろそかになったり、サービスの低下につながる。つまり、ＱＳＣの低下が露呈して、お客さまの不評を買うことになり、新規顧客の獲得はおろか、固定客のリピート減少すら引き起こすことになる。ビジネスチャンスをみすみす逃してしまうこと

POINT

「お１人さま１点限り」の激安販売にもかかわらず、３点も４点も買い込む“バーゲンハンター”が出没する。このことをふまえ、仕組みを考える。

になるのである。

といって、ディスカウントそのものを頭から否定するものではない。採算の合う用意周到なマーケティング、プロモーションの仕組みを整えておくならば、ディスカウントも、売上げ増大に直結する有効な戦略となり得る。

●戦略を商品構成に生かす

そこで、紹介したいのが、「フィッシングメニュー」「儲けメニュー」（一四五ページ参照）という考え方である。

フィッシングメニューとは、フィッシュ、文字どおりお客さまを「釣る」ためのメニューのことで、お客さまを店舗まで引きつけるためのものである。当然、お客さまの気を引くようなインパクトのあるものを準備すべきである。ダイナミックなディスカウント商品を打ち出したり、消費者の気を大いに引くようなクーポン券を配布するのである。大切なのは、そのためのメニューをあらかじめラインアップしておくことである。手当たり次第に、商品名をもちだすのは、それこそ単なる安売りでしかない。

また、フィッシングメニューとしてラインアップする商品は、注文しやすいものを選ぶべきである。たとえば飲食業関係なら、ドリンク、ポテト、小売り業ならトイレットペーパーなどの消耗品を選ぶ。その理由は、購入頻度が高いからである。このような商品の大胆なサービスを告知することで消費者の興味を引き、店舗まで足を運ばせようというわけである。

事例研究——フィッシングメニューと儲けメニュー

	松屋	吉野家
①フィッシングメニュー	・牛丼（並） 290円 ・チキンカレー（並） 290円	・牛丼（並） 280円
②主力商品	・牛丼（並） 290円 ・各定食 550〜580円 ・朝定食 350〜490円	・牛丼（並） 280円 ・定食 490円 ・朝定食 370〜490円
③プロモーションメニュー	・チキンカレー 290円 ・マーボ茄子飯 390円	・けんちん汁 120円
④サイドメニュー	・玉子 100円 ・お新香・キムチ 各80円 ・とろろ 100円 ・生野菜 100円 全品で9品目	・玉子 50円 ・みそ汁 50円 ・生野菜 90円 ・ポテト（ごぼう）サラダ 120円 全品で7品目
⑤デザート・ドリンクメニュー	・お茶・ジャスミン茶 各120円 ・ビール 250円 ＊デザートはなし	・ビール 400円 ・冷酒 330円 ＊デザートはなし

業　種	牛丼・定食	牛丼
業　態	ファーストフード	ファーストフード
プロモーション戦　略（上記③のメニューのケース）	新商品戦略 （主力商品をディスカウント価格で投入） 目的→新規顧客の獲得と来店頻度の向上	新商品戦略 （サイドメニューをお値打ち価格で投入） 目的→新規顧客の獲得と来店頻度の向上
プロモーション戦　術（告知方法）	1.のぼり旗 2.突き出しフラッグ 3.ウインドーステッカー 4.店内ポスター	1.のぼり旗 2.突き出しフラッグ 3.ウインドーステッカー 4.店内ポスター
メニュー戦略とプロモーション	メニューバリエーションが多く、さまざまな内容のプロモーションを実施	牛丼限定メニューのため、サイドメニューの新商品戦略と牛丼のディスカウント戦略中心のプロモーション

（価格は、2002年4月現在）

- フィッシングメニューで、お値打ち感の訴求とブランドイメージを確立。（ハイバリュー&ロープライス）
- 主力商品は、粗利益の確保できる商品で構成する。
- プラス1品（④サイドメニュー、⑤デザート・ドリンクメニュー）を注文しやすいPOP戦略をとり、客単価を上げる。
- 両社とも限定メニュー戦略のため、お客さまに飽きがこないように新商品投入の戦略が必要となる。

店舗には、もちろん、主力商品がある。そして、サイドメニュー、デザートメニューなど、原価の低いメニューを用意し、「追加メニュー」としてお客さまにプッシュする。つまり、主力商品と組み合わせて購入してもらうことによって、儲けを出していくわけである。すなわち、このような役割を果たす追加メニューこそ、まさに「儲けメニュー」にほかならない。同時に、そのとき自店舗で力を注いでいるメニュー、いわゆるプロモーション商品を、チラシやＰＯＰ等でお客さまに浸透させるための展開も忘れないようにしたい。

このように、プル戦略とプッシュ戦略をバランスよく展開するために、お客さまにインパクトを与えるフィッシングメニュー、プラスもっと儲けを伸ばすための儲けメニューといったものをきちんとラインアップしておく、つまり、仕組みを明確にしておくことで、よりスムーズなプロモーション展開、ひいては売上げ増大が可能となるのである。

ここでは飲食業を例にあげたが、いうまでもなく、これはそれ以外の業種でも応用可能な考え方である。商品構成を考える際は、自店舗の特性に応じて、自店舗なりのフィッシングメニュー、儲けメニューをとりそろえておくことが大切である。

●事例・ファーストフード・チェーン店のセットメニュー

一四七ページの図を見ていただければおわかりのように、フィッシングメニューでは、「ハンバーガー半額」のロープライスを打ち出し、お客さまにインパクト与え、入店を促している。しかし、店内に入ると「セットメニュー」を重点的に告知して、買いやすさを強調している

セットメニュー戦略の考え方

フィッシングメニュー…店外へのアプローチ（TVCM、店舗カティングシート・のぼり旗）

平日半額　ハンバーガー　65円
　　　　　チーズバーガー　80円

半額65円というインパクトを与え客を入店させる

儲けメニュー…店内でのアプローチ（レジトッパー、トランスライト、メニューシート）

セットメニュー　350〜620円
デザート　セットで買うと20〜50円引き

店内に入ると“半額”よりもセットメニュー告知で“買いやすさ”を強調

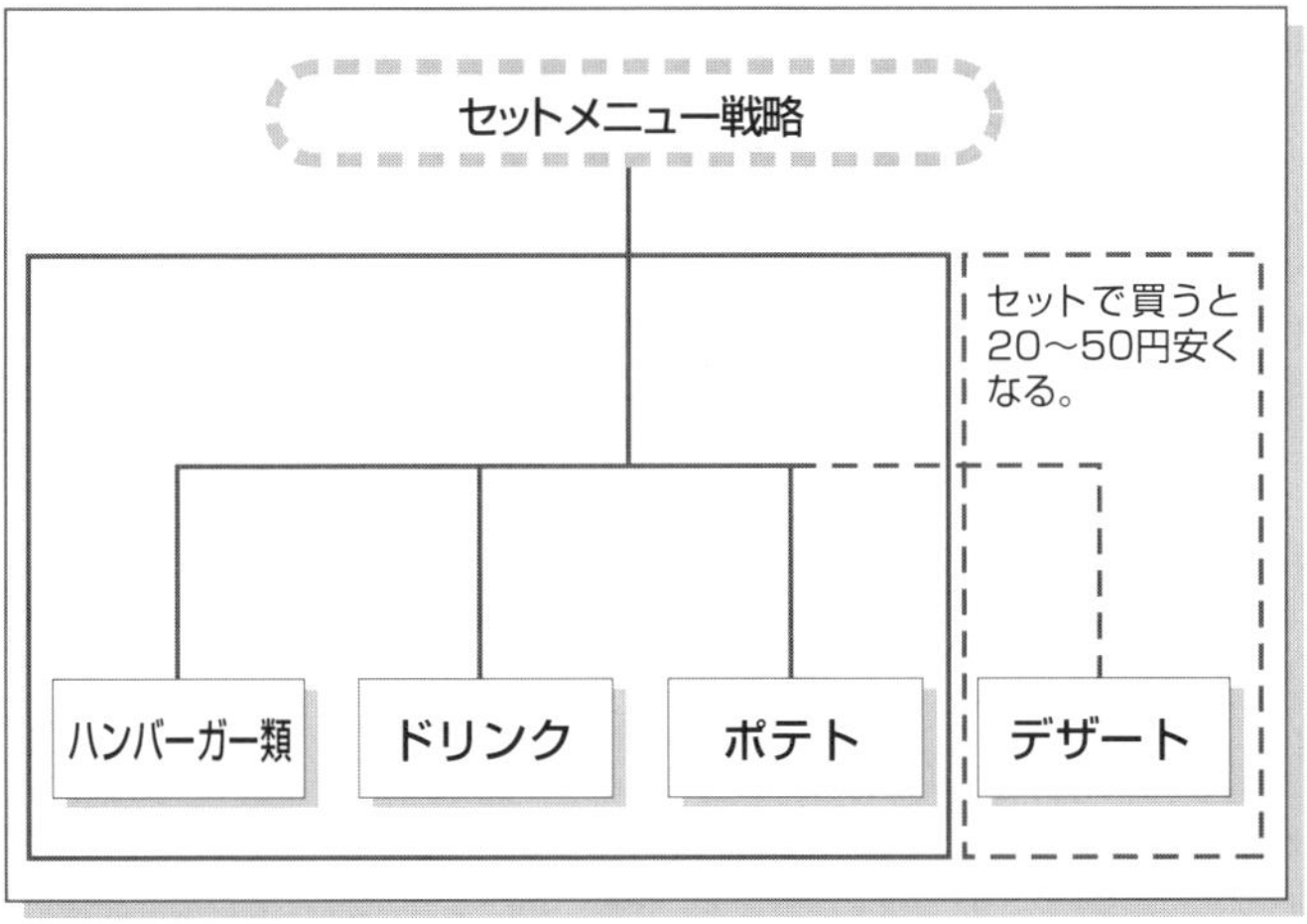

フィッシングメニュー ➡ お客さまへのインパクト訴求 ➡ 客数アップ
儲けメニュー ➡ 利益の確保

のである。セットメニューは、ハンバーガー類にドリンク、ポテトをワンセットにしたもので、単品で買いそろえるよりお得な価格設定になっている。

この戦略によって、今では、子どもから老人まで多くの人が、このセットメニューを注文している。

実は、この「セット」というのがみそなのである。単品の場合、ロープライスにして客数を増加させることはできるが、それは一時的で、そのうちお客さまに飽きられてしまう危険性がある。もちろん、客単価は低レベルにならざるを得ない。しかし、セットであれば、味に変化をもたせることもできるし、お客さまにお得感をもたせることもできる。和風のどんぶりものを扱う店舗でも、原価の安い麺類とのセットにしたり、定食類を充実させることで、セットメニューを訴えることができるはずである。ぜひ、自店舗のセットメニュー戦略を考案していただきたい。

単に安いだけではお客さまを満足させることはできない。安いものが単品なら、そのうちお客さまは飽きる。もちろん、ＱＳＣに問題があれば、どんなに安くても、客足が遠のくことは疑いようがない。

といって、スタッフをそれこそ牛馬のごとく働かせれば、スタッフにスマイルが出ようはずもなく、結局、お客さまの満足度を下げることになる。ＥＳ（Employee satisfaction）、すなわち「スタッフの満足度」にも十分配慮しながら、プル戦略、プッシュ戦略を展開することが必要である。

プロモーション戦略の種類とねらい

①サジェスティブセーリング（推奨提案販売）➡**客単価のアップ**

②プレミアム・プロモーション（プレミアム＝購買意欲をそそるための景品）
➡来店頻度アップ、新規顧客の獲得

③セットメニュー・プロモーション➡**客単価アップ**
例……飲食（ミニ丼と麺のセット）
ホームセンター（園芸セット、日曜大工セット）

④バイワンゲットワンフリー・プロモーション（1つ買うと1つもらえる）
➡同伴者数の増加、購入点数のアップ

⑤サンプリング・プロモーション（商品等をお試しいただく）
➡来店頻度アップ、新規顧客の獲得

⑥クーポン・プロモーション
➡来店頻度アップ、新規顧客の獲得、客単価アップ（まとめ買いの効果あり）

⑦ディスカウント・プロモーション
➡来店頻度アップ、新規顧客の獲得、同伴者の増大、客単価アップ
注……何を目的とするかによって、方法・該当商品等を変える。また、ディスカウントばかりを続けていると、通常価格に対して不信感を与えることになるので要注意。

⑧ゲーム・プロモーション（商品を購入すると、カードを渡したり、スタンプを押したりして、それを集めると商品が当たる）
➡来店頻度アップ、新規顧客の獲得

⑨コンテスト・プロモーション（クイズなどに答えると、さまざまな景品が当たるチャンスがある）
➡来店頻度アップ、新規顧客の獲得

⑩限定商品、特別商品を期間限定で販売する。
➡来店頻度アップ、新規顧客の獲得

半額セールを長期間にわたって行っていれば、顧客は、定価に対して疑問や不信感をつのらせることになる。そういう意味もあって、チェーン店が相次いで戦略・計画的に半額プロモーションを打ちきっている。今後、さらにインパクトのあるプロモーションを展開していくことだろう。

●プロモーション戦略にはこれだけある

「プロモーション戦略の種類とねらい」（一四九ページ参照）「ストアレベル・マーケティング企画書」（一五一ページ参照）を紹介しよう。

自店舗の特性やニーズに合ったプロモーションを決定していただきたいが、まずはどのようなプロモーションがあるか把握しておきたい。

最初は、一つのプロモーションを確実にこなすことを目標にして、慣れてきたら、あるいはコツがつかめてきたら、複数のプロモーションを同時に進行させるとよい。展開途中でつまずいたら、即座に中止し、どこに問題があったかを調査・分析し、次に役立てる。

POINT

１つのプロモーションを確実に実行できるようにすること！
その次のステップとして、複数のプロモーションを同時に実行して消費者にインパクトを与える。

ストアレベル・マーケティング企画書

企画No.

<table>
<tr><td colspan="2">店舗名</td><td></td><td>店長名</td><td></td></tr>
<tr><td colspan="2">プロモーション名</td><td colspan="3"></td></tr>
<tr><td rowspan="7">戦略</td><td>目的</td><td colspan="3"></td></tr>
<tr><td>目標</td><td colspan="3">1.客　数　人　%増大
2.客単価増大　円　%増大
3.獲得売上げ　円　%増大
★獲得売上げ=チラシ配布枚数　枚
×予測回収率%×予測AOS　円</td></tr>
<tr><td>対象</td><td colspan="3">1.キッズ（幼児・小学生）　2.ヤング（中高生・大学生）
3.アダルト（OL・サラリーマン）　4.ファミリー
5.主婦　6.シルバー　7.その他（　）</td></tr>
<tr><td>地域</td><td colspan="3"></td></tr>
<tr><td>期間</td><td colspan="3">1.配布期間　年　月　日　曜日～　年　月　日　曜日（　日間）
2.回収期間　年　月　日　曜日～　年　月　日　曜日（　日間）</td></tr>
<tr><td>内容
（メカニズム）</td><td colspan="3"></td></tr>
<tr><td rowspan="2">戦術</td><td>情報伝達ツール</td><td colspan="3">1.特別ご招待券　2.割引きクーポン券　3.メニューチラシ
4.ポスター　5.懸垂幕　6.のぼり旗
7.ウインドーステッカー　8.その他（　）</td></tr>
<tr><td>情報伝達方法</td><td colspan="3">1.ポスティング（パート・アルバイト／外注）
2.新聞折込み　3.店外配布
4.店内配布　5.事業所訪問　6.その他（　）</td></tr>
</table>

第6章 売上げアップに直結するＰＯＰ戦略

手軽なＰＯＰ展開も
取り組み方に間違いがあれば効果はゼロ。
ＰＯＰを最大限に生かすコツをつかもう。

1 ＱＳＣに次ぐ売上げ増大戦略

消費者と店舗を結ぶＰＯＰ

●ＰＯＰのこわさと重要性

ＰＯＰとは、「Point of Purchase（購買時点広告）」の略で、いわゆる「ポップ」と称されるポスターにとどまらない。時、場所、場合、いわゆるＴＰＯに応じて、チラシ、バナー、フラッグと姿かたちをかえ、その種類は実に広範に及ぶ（一五七ページ参照）。店舗の内外を問わず、プロモーション活動を効果的に伝える、いわば消費者と店舗をつなぐコミュニケーションツール全般と考えるとわかりやすい。その意味では、店舗視認性（ストアビジビリティ）もまた、重要なコミュニケーションツールの一つと考えることができる。

いうまでもなく、売上げ増大の最も基本的で重要な条件は、ＱＳＣを高レベルに保つことであるが、プロモーション活動の主軸をなすＰＯＰは、ＱＳＣに次ぐ売上げ増大の具体的手法といえる。どんなにすばらしいプロモーションであっても、情報が消費者の手もとに届かなければ、それまでの苦労も無に帰すことになる。逆に、ＰＯＰが魅力的で消費者の琴線にふれれば、消費者が店にどっと押し寄せることになる。ＰＯＰのこわさ、重要性をしっかりと認識しておきたい。

　というのも、プロモーション企画やＰＯＰツールの作成だけで満足してしまい、せっかくよいチラシをつくっても、やみくもに新聞折込みという伝達手段を用いたがために、消費者の関心を買うことができなかったというようなケースが多い。折込みの場合、他のチラシと同化して、消費者の目にとまりにくく、一パーセントの人しか見ないというデータもある。

　また、店内のＰＯＰにしても、お客さまの目線、動線、消費行動などに十分配慮することが求められる。一言でいえば、お客さまに購入や再来店（リピート）のモチベーションを与えやすい場所とタイミングを考えたＰＯＰ戦略を展開すべきだということである。

●他店舗に学ぶ

　ＰＯＰ戦略を巧みに実践しているファーストフードやファミリーレストランなどを調査・分析してみると、参考になる。たとえば、レジにＰＯＰ（レジトッパー）が付けられているのはなぜか、客席の周辺に掲げられているＰＯＰ（ポスター）には、なぜデザートが掲載されているのか、テーブルの上のＰＯＰ（テーブルテント）には、なぜデザートと単品商品しか提示されていないのか、といったことに思いを馳せてみる。すると、これらはお客さまが、「注文したくなる」「購入したくなる」というような場所とタイミングと商品を考え、訴求しているこ

POINT

いかにして、お客さまの手もとまで情報を届けるか、その情報でお客さまにいかにモチベーションを与えるか――POPは、そのための重要なコミュニケーションツールである。

とに気がつく。

とにかく、ＰＯＰをつくれば、それで十分というわけにはいかない。ＰＯＰがコミュニケーションツールとして有効に作用するには、やはり、お客さまの立場に立ち、お客さまの心をつかむのに必要な条件を満たすことが求められる。

お客さまに情報を浸透させるコツ

●ＰＯＰ展開において避けたいこと

ＰＯＰには、一五七ページの表のとおり、さまざまな種類がある。目的に応じて的確に選択し活用しなければならない。ＰＯＰの主な目的は、

- レギュラー商品の浸透
- 自店舗のイメージアップ
- 客単価のアップ

などであるが、加えて、プロモーションにおける情報伝達や商品の販売促進など、プロモーション成功のためのツールとしても用いる。

注意したいのは、一時的、断片的なプロモーションに陥らないことである。お客さまに浸透させるには、継続することが必要である。

また、さまざまな消費者がターゲットになり得ること、すなわちお客さまになり得ることを

POPの種類とねらい

メニューチラシ	●メニューを浸透させる重要ツール これが一番効果のある商品広告戦略。	●POPのなかで一番効果がある。
ハンドビル チラシ	●街頭、店頭などで配布する。 ●店内やテイクアウトのお客さまに配布する。	●街頭、店頭の場合、朝7:30～8:30に配布すると効果的。
メニューブック	●お客さまにメニューを見せて選別させる。	●オーダーを早くする。 ●客単価アップ(1品購入促進)。 ●次回来店時の告知(商品浸透)。 ●店舗イメージの確立。
ポスター	●お客さまとのコミュニケーションツールである。 ●店内外の告知板に貼って使用する。	●TPOに合わせて掲示する。 ●手書きは基本的に禁止する。
バナー	●ビジビリティー効果の最も高いところに掲示する(店内外)。 ●プロモーションキャンペーンに使用する。	注:フックの止めはアンカー処理。 汚れ、破損に注意する。
電飾キオスク	●店舗前通行者に対してビジビリティー効果を高める。 ●イメージや商品を売る。	●通行する人に対して必ず直角に置くようにする。 ●通行人への注意。
フラッグ	●基本的には電飾キオスクと同じ。	
ウインドー ステッカー	●店舗前通行者に対してアピール。 ●イメージアップやキャンペーン等に使用する。 ●店舗レベルでの雰囲気の盛り上げ。	●掲示場所、高さ、全体のバランスに注意。 ●カッティングシート。
シーリング ディスプレイ	●店内雰囲気を高める(従業員、お客さま)。 ●基本的にはキャンペーン時に使用する。	●いろいろな使い方がある。 ●2つの種類、単体または連続。
のぼり旗	●店舗外に設置、空気の流れによって生じる動きが広告メッセージとなりビジビリティーを引き出す。 ●イメージ、プロモーション。	●1本ではなく連続して5～10本くらい使用するとインパクトが大きい。 ●バラバラののぼり旗ではなく、一貫性をもたせて訴求する。
レジトッパー	●平日、土曜、日曜と区別する。	●組み合わせる(どの組み合わせが客単価がアップするか)。 ●価格ゾーンは同じにする。
テーブルテント テーブルメニュー	●客席のお客さまにアピールし、次回の来店動機につなげる。 ●サイドオーダー用ツール。	●TPOを考えて訴求する。

忘れないようにする。もちろん、ターゲットを絞ってプロモーション展開する場合は別にして、常時掲示するＰＯＰがあまりにもターゲットを絞り込んだツールであったり、内容であれば、みすみすチャンスをロスする事態を招かないとも限らない。

今、来られているお客さまだけが客ではない。今は他の店舗に行っている人も、将来自店舗のお客さまになる可能性があるのだ。チャンスを受け入れる窓口は広く開放しておきたいものである。

ＰＯＰを重視するあまり、一つのＰＯＰにたくさんのメッセージを詰め込みすぎると効果が下がる。お客さまが混乱してしまうのである。たとえば、すべてを説明しようと文字数を多くしたり、とかく扱う商品が多い店舗の折込みチラシなどによく見られるが、ものすごい数の商品をぎゅうぎゅうに詰め込んでいる。当然、文字も小さくなり、見づらい。高齢化社会の今日を考えると得策とはいえない。

ともかくも消費者、お客さまを混乱させるようでは、大きな効果はのぞめない。ＰＯＰ展開する際は、メッセージは一つに統一するくらいがインパクトもあり、お客さまの好反応も得やすい。

また、お客さまを混乱させないためには、お客さまに浸透するまではメッセージをやたら変更しないということも大切である。ＰＯＰの最終的なねらいは、購買意欲をかきたてるためのインパクトとモチベーションを消費者に与えることにある。

事例研究――POP①

（POPのメッセージ）

（POPツール）	ケース1　車検	ケース2　ホームセンター
横断幕	あなたの車、無料で安全点検実施中	梅雨時でも安心布団乾燥
懸垂幕	無料で安全点検やってます	いつ洗濯しても安心乾燥
ハンドビル チラシ	無料安全点検7項目 ―結果はきちんとお知らせ致します―	寒くない除湿 ―○○エアコン―
ポスター	今なら無料!!　安全点検実施中 ○月○日（○）～△月△日（△）	日用品日替わりメニューは あちら⇒
店頭配布 チラシ	無料安全点検実施中（期間限定）	次回の予定は○○○○

●どちらのPOPにインパクトがあるか？

答え➡ケース1の車検。

理由➡すべてのPOPのメッセージに一貫性があり、わかりやすい。
無料が強調され、インパクトがある。
期間限定のため、購買意欲がわく。
必要性の訴求。

●POP戦略の改善点は？

ケース2のホームセンターに改善点あり。取扱商品が多いとはいえ、すべての情報を伝えようとしているため、混乱を招きインパクトがない。次のような改善が必要である。

①商品を絞り込み、メッセージに一貫性をもたせて、わかりやすくする。

②半額、無料などのメッセージを入れ、インパクトを出す。

③必要性を訴求し、購買のモチベーションを与える。

④期間限定、限定商品といったメッセージを入れ、購買意欲をわかせる。

⑤店内の商品マグネットの間に、単品のPOPを掲出するなど、お客さまの動線をうまく利用する。

●一貫した流れの確立

目的に応じてさまざまなＰＯＰツールを使用することになるが、それはお客さまの動線とも深くかかわっている。お客さまの動線のポイントをとらえ、フォローアップしていくような一貫した流れのあるＰＯＰ展開をすれば、お客さまへの浸透度はさらに深まり、目的を達成する確率も高まる。

たとえば、商圏では、来店してもらうことを第一の目標に、プロモーション商品の浸透・販促などもふまえながら、ポスティングなどによりチラシを配布する。

次に、店にいたる途中で、ハンドビルチラシの配布。店前では、ビジビリティ、いわゆる店舗視認性が重要になる。ここに店があるということがすぐわかることと、イメージのよさが伝わるよう配慮することが必要である。

店頭には、再びわかりやすくチラシを掲示しておく。これはそれまで配布したものと同じチラシがよい。今もプロモーションを実施していることを伝えることで、お客さまを安心させるためである。

また、お買い得情報を伝える場合は、それぞれのカテゴリーのなかで、フィッシング商品を選定し、ディスプレイとＰＯＰで告知する。このようにすることで、小売り店であれば、店内動線を長くすることができる。また、激安競争スパイラルに巻き込まれることもない。

店内のＰＯＰは、お客さまが見やすいよう、位置や色合い、大きさなどに配慮したい。プライスカードにもメリハリをつけ、インパクトを出す。

POINT

アイテム数が多い業種であっても、カテゴリーごとにフィッシング商品を選択し陳列する。儲け商品は隣接陳列し、POPにてメリハリのある訴求を行う。

事例研究――POP②

①

②

③

④

●安さ訴求。「半額」の文字がめだち、インパクトがある（②）。

●店内では「50%OFF」（③）、店頭では「半額」（④）と、メッセージに一貫性がなく、インパクトが低下。

〔ポイント〕　店側にとっては、半額も50%OFFも同じ意味なので、顧客を混乱させたり、インパクトの大小に影響はないと考えやすいが、お客さまの立場になって考えることが求められる。たとえば、この場合、ターゲットが日本人ならば「半額」で訴求することで最大のインパクトを与えることができる。

また、レジでお客さまのリピートを促すためにクーポン券などを配布することがあるが、商品と一緒に袋に入れるのは禁物で、必ずお釣りと一緒に手渡しをする。「次回、ご利用くださいませ」と言葉もかけやすいし、お客さまの印象もよい。黙って袋に入れては、お客さまに心と情報が伝わらず、回収率も悪くなる。

そして、最も重要なのが、店の出口である。ここでは、次回のプロモーション予告などをしておきたい。

このような一連の流れのなかで、一貫性のあるＰＯＰ展開を確立することにより、ＰＯＰツールは、文字どおり、コミュニケーションツールとしての役割を果たし、売上げ増大に寄与する。

●ＰＯＰツールの決定

以上述べてきたことを参考に、ＰＯＰツールの「決定シート」を作成しよう（一六三ページ参照）。戦略と戦術とを混同してしまいがちだが、ＰＯＰツールの選択・決定は、戦術の選択・決定である。

もちろん、明確な根拠のもとにツールを決定しなければならないし、なぜこのツールを用いるのか、スタッフへの周知徹底をはかることが大切である。ツールの選択・決定を通して、スタッフ全員が考える力を養うようにしたい。

POPツール決定シート

プロモーション名		
目　的		
目　標		
戦略	対象顧客	
	地域	
	期間	
	実施内容	

	告知種類	必要量	サイズ・材質	実施方法
戦術（店外告知）	メニューチラシ			
	ハンドビルチラシ			
	ポスター			
	パンフレット			
	クーポン券			
	商品サンプル			
	ウインドーステッカー			
	電飾キオスク			
	のぼり旗			
	フラッグ			
	バナー			
	横断幕			
	雑誌掲載			
	その他			
戦術（店内告知）	ポスター			
	シーリングディスプレイ			
	バナー			
	レジトッパー			
	シーリングPOP			
	テーブルメニュー			
	メニューブック			
	その他			

【告知ツール選択理由】

2 最も効果的なプロモーションツール作成法

ツール作成時の注意点

●ＰＯＰの「ＱＳＣ＋Ｖ」

ＰＯＰにおいても、「ＱＳＣ」があり、さらに「Ｖ」が加わる。ただ、ＰＯＰでは、ちょっとその意味が異なってくる。ＰＯＰにおける「ＱＳＣ＋Ｖ」とは、次のとおりである。

- クォリティ（Quality）……見た目や材質のよいものを使うこと。
- シンプリシティ（Simplicity）……メッセージの内容がシンプルでわかりやすいこと。
- クラリティ（Clarity）……メッセージが明瞭で一貫している。数が多すぎない。
- ビジビリティ（Visibility）……対象となるお客さまに見える場所、見やすい方法でＰＯＰを掲示する。

メッセージが多すぎて文字が氾濫していたり、店内のあちこちにバラバラの内容のポスター類がセロテープでベタベタ何枚も貼ってあったり、破れているようなケースをよく見受ける。

これでは、せっかくのツールも、読みづらい、ポイントがはっきりしない、お客さまを困惑させるというような事態を招き、本来の目的を果たすことはできない。

また、ＰＯＰというと、ポスターをイメージしがちであるが、前述したように、クーポン券なども、立派なＰＯＰツールである。

それが、ペラペラの薄紙でデザインも粗雑であれば、消費者が、クーポン券にある情報に関心を寄せる確率は低くなる。それだけではない、消費者は、その一枚で店全体の貧弱なイメージを頭に描いてしまうものなのである。「ＰＯＰレベル＝自店舗のＱＳＣレベル」と考え、その作成にも真剣に取り組むことが要求される。

●五つの「Ｗ」を忘れない

いずれのツールでも押さえておかなければならない五つの「Ｗ」を提示しておきたい。お客さまの立場に立って、そのニーズに的確かつ明瞭に応えるには不可欠なものである。

①誰が、それを利用できるのか（Who）
②何が特典としてあるのか、何かもらえるのか（What）
③いつ利用できるのか（When）
④どこに行けばよいのか（Where）
⑤なぜ、これがお客さまにとっていいのか（Why）

ＰＯＰの「ＱＳＣ＋Ｖ」と「５Ｗ」を確実に押さえてツールを作成することが大切である。

●人任せは禁物

チラシなどの制作は、業者に依頼することが多い。このとき注意したいのは業者任せにせず、自らが主導権を握り制作を進めることだ。

たとえば、印刷業者やデザイナー任せにしておくと、デザインやキャラクターに意識が集中して、結局、何を売りたいのかぼけてしまったり、担当者の好み・主観が入りすぎて、店側の意図が反映されず、インパクトに欠けるものになる傾向がある。

これらは、業者サイドが、店舗の現場に疎い、また売上げ増大の原理原則を知らないといった理由によることが多い。事前の打ち合わせをしっかりやるとともに、制作過程でチェックする機会を設けるようにしたい。

わかりやすい「ツール事例研究」

どのようなツールを作成すれば、インパクトがあり、消費者の心を動かす訴求ができるのか、各店舗にとって、最も採用する機会が多いと思われる「特別ご招待券」「ディスカウントクーポン券」「メニューチラシ」「ハンドビルチラシ」等について事例をチェックすることを通して、研究していこう。

事例研究――特別ご招待券①

表のみ

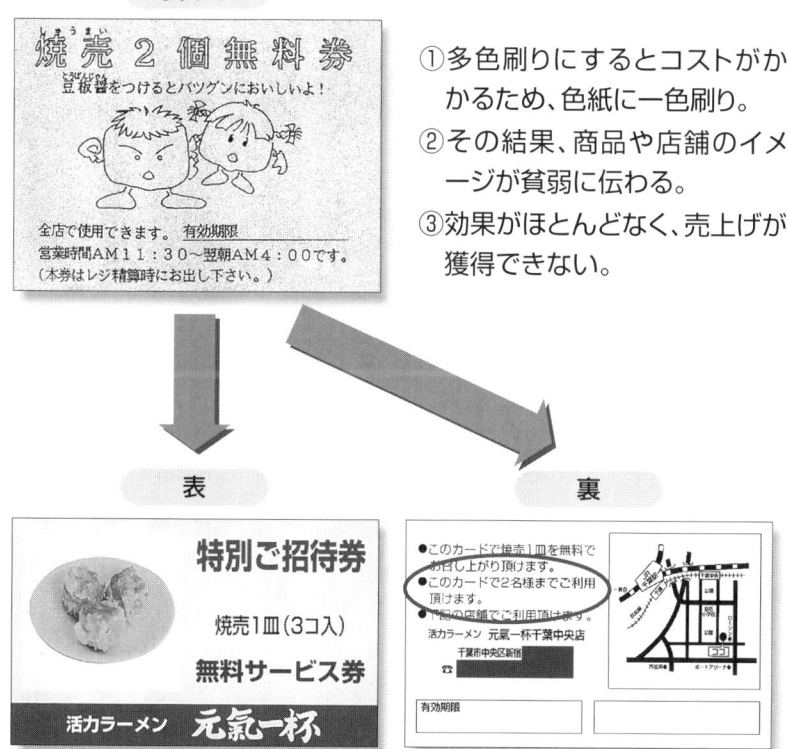

①多色刷りにするとコストがかかるため、色紙に一色刷り。
②その結果、商品や店舗のイメージが貧弱に伝わる。
③効果がほとんどなく、売上げが獲得できない。

表

裏

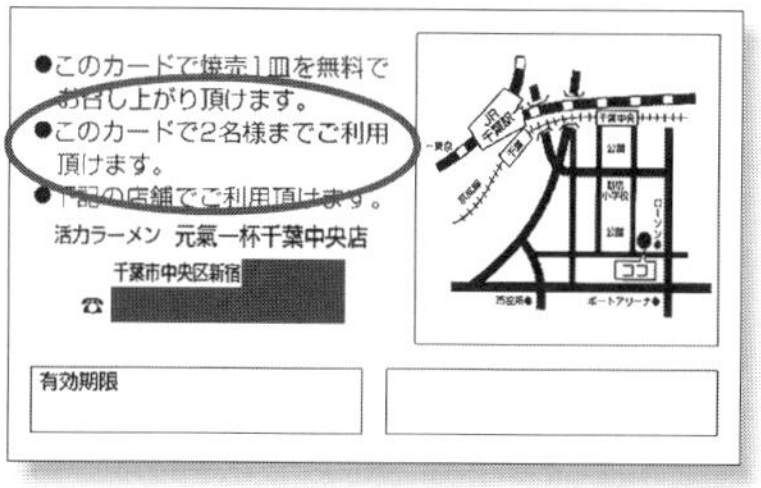

①特別ご招待券(「特別」と差別化し、ゲストとしてご招待)
➡新規顧客の獲得。
②商品の写真(おいしそうで食べたくなるようなイメージ)。
③カードの質(実物はカラー。紙質も厚め)
➡カードの品質がよくイメージがよい=商品と店のイメージアップ。
④同伴者数の増加(2名様までご利用頂けます)➡客単価のアップ。
⑤注文点数の増加(生ビールの注文をしやすくする)➡客単価のアップ(AOSの獲得)。
⑥アクセスマップ(TGとランドマークを明記)➡新規顧客の獲得。

事例研究——特別ご招待券②

①ごちゃごちゃ文字が入りすぎている（字が小さく見にくい）。

②購入制限が多い（使いにくい印象を与える）。

③100円割引のインパクトが小さい。

④カードの紙質が薄く貧弱なイメージ。

⑤どこに店があるのかわからない。

競合店

競合対策事例

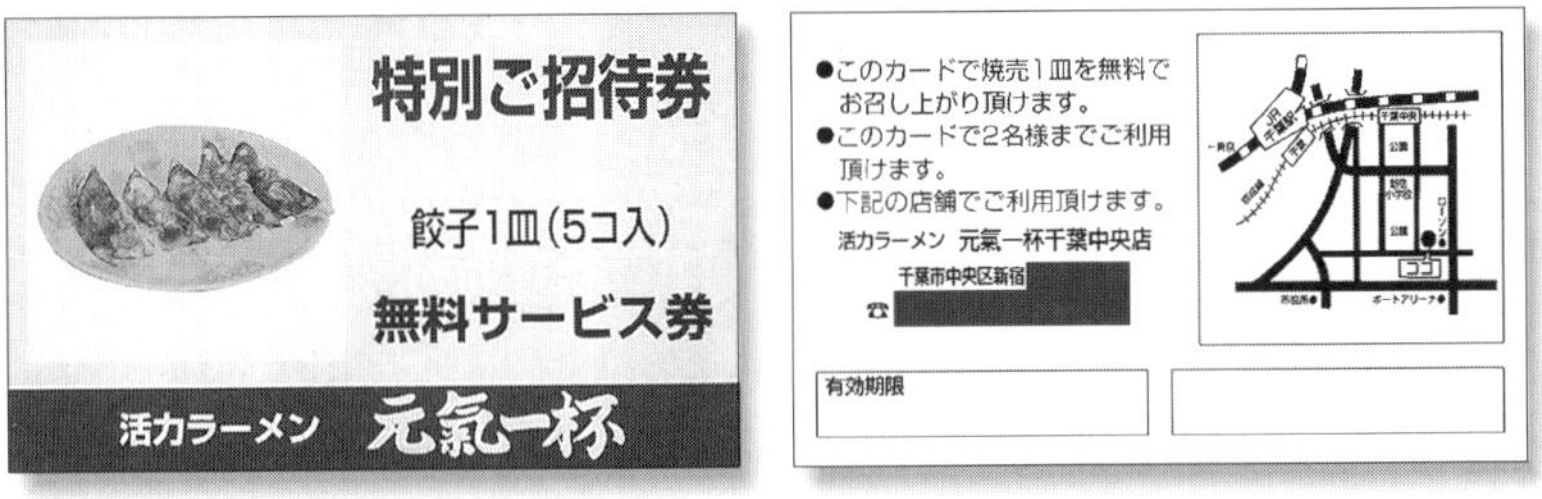

①こうばしく、ジューシーなイメージ。

②シンプルでわかりやすい文面。

③アドレス入り（チェーン店でもストア単位の場合は入れる）。

事例研究――ディスカウントクーポン券

表

①ロゴマーク・店名（何屋かがすぐにわかる）→チェーンイメージの浸透。
②商品の写真（おいしそうなイメージ）。
③「半額」の表示（インパクト大）。
④購入条件を明記。
⑤プロモーション内容がシンプル→消費者へのモチベーションを与えやすい。

裏

①店舗情報（店舗名、住所、営業時間）を明記。
②アクセスマップ（店の場所がわかる!）
・広い商圏（約1キロメートル）をカバー。
・TG、ランドマーク入り。
③TEL、FAXオーダーにも対応。
④有効期間の明記。
⑤同伴者数の増大（1枚につき5名様までご利用可能）。

事例研究――メニューチラシ①

表

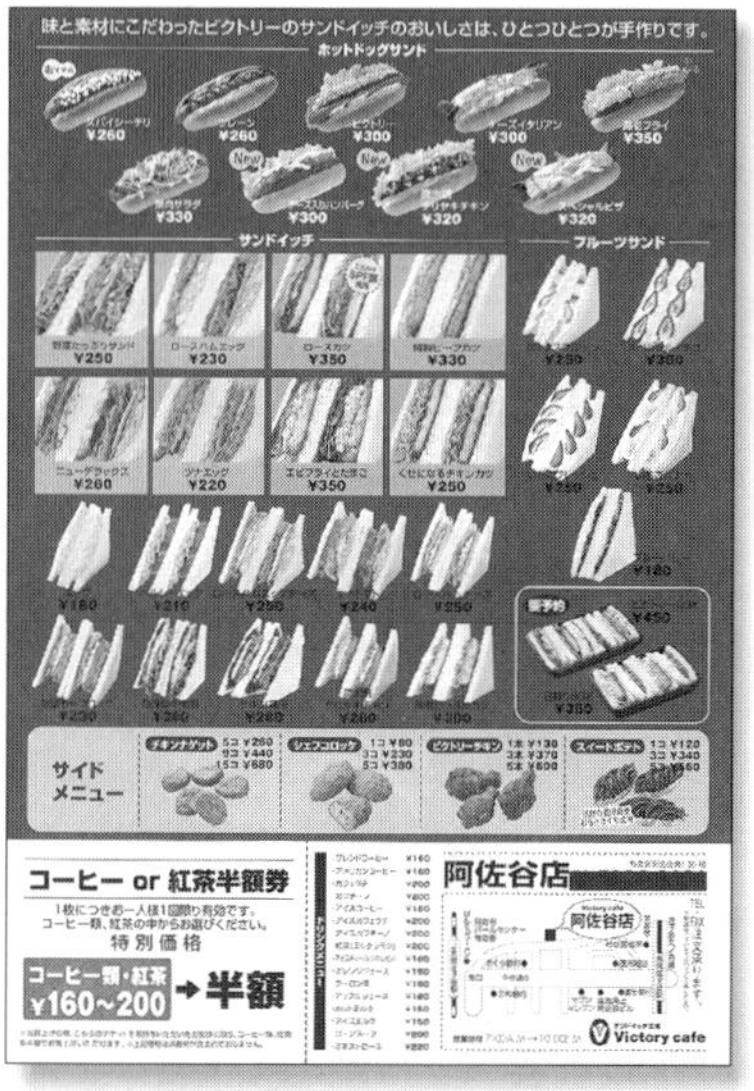

【レイアウトモデル】

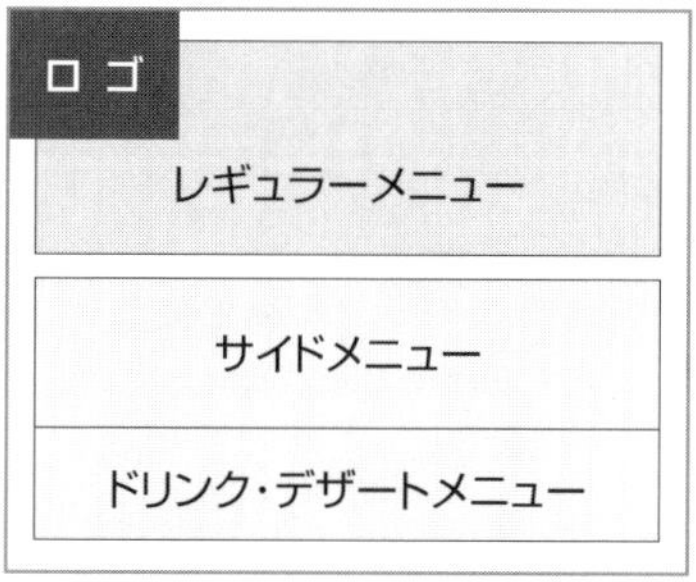

《 表 》

①すべてのメニュー、または売りたいメニューを写真付きで掲載。

②レギュラーメニューのインパクトある訴求。

③商品構成=レギュラーメニュー+セカンドメニュー+サイドメニュー
……購入点数を増大させる。

④売れる価格帯での販売。

⑤ロゴマークを表示する。

⑥色・配色・ロゴなどで、ブランドイメージの浸透、店舗イメージを確立する。

⑦レイアウトモデル(右上図参照)。

(1) 注文しやすい⇒時間のビジネス
(2) 選びやすい⇒購入点数のアップ
(3) おいしそう⇒他の商品の浸透=来店頻度のアップ

事例研究――メニューチラシ②

改善前

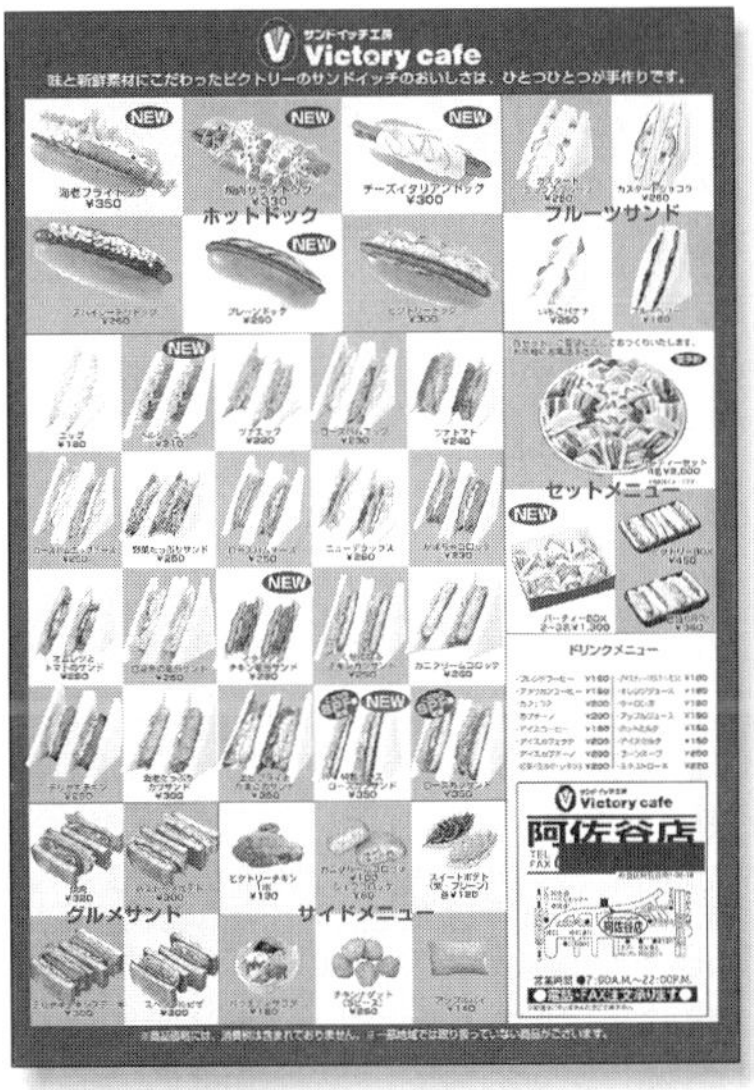

①デザイナーの好みで作製。
②ごちゃごちゃして見にくい。
③メイン（サンドイッチ）、サイドメニュー、ドリンクメニューがわかりにくい。
④「何を売りたいのか」がまったくわからない。

改善後

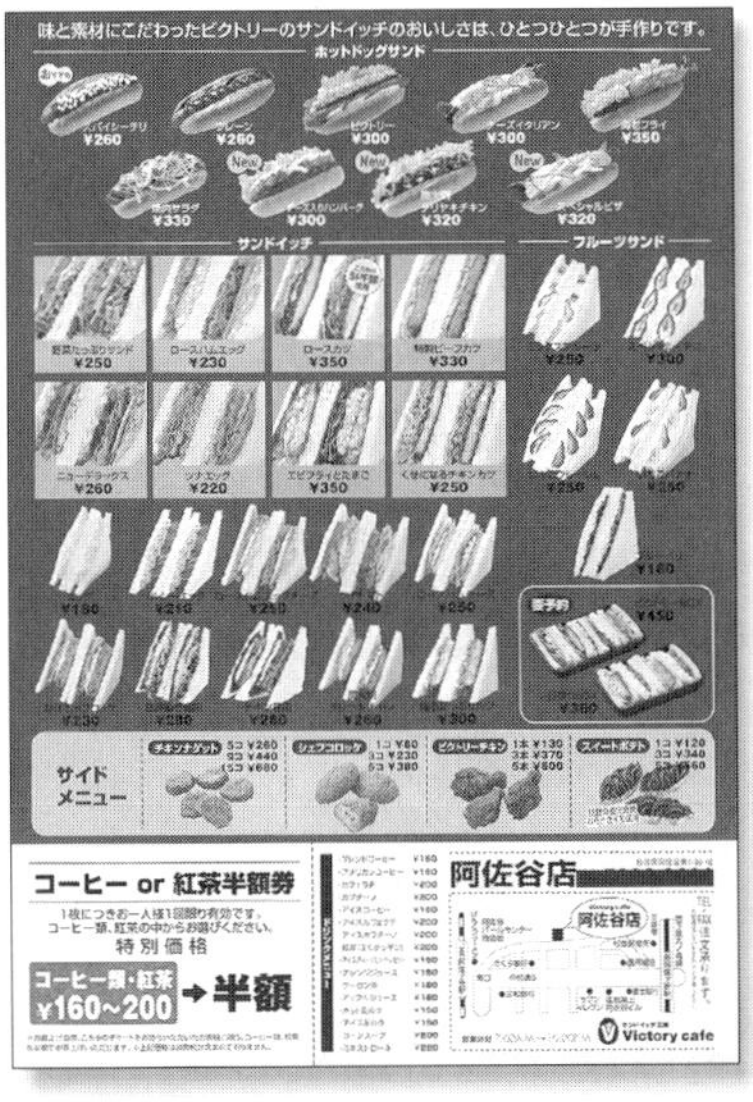

①バックが赤でめだつ。
②売りたい商品、サイドメニューなどをわかりやすく分類表示。
③「コーヒーor紅茶半額券」もはっきりわかる。

事例研究――ハンドビルチラシ〈表面：プロモーションの告知〉

①キャッチコピーが明確
➡何のチラシかがすぐにわかる。

②ニーズの掘り起こし
➡季節特性を生かした訴求。

③期間限定・販売数限定
➡プロモーション成功の1つのノウハウ。

④工事内容と価格の明記
➡安心感。

《競合他社との差別化》

競合店のチラシは

①文字数が多く、手書きで見にくい。
②紙質が悪く、1色刷で貧弱なイメージ。

⬇

(1) シンプルなレイアウト➡文字数が少なく見やすい。
(2) 商品の絞り込み➡何を売りたいのかがわかる。
(3) チラシの品質➡紙質がよく、見やすいレイアウト。

〈チラシの品質＝店舗のイメージ〉

競合店を圧倒するようなチラシの品質

⬇

商圏内に店舗のよいイメージを構築

（地域ナンバーワン店の地位の確立）

事例研究——ハンドビルチラシ〈裏面：店舗イメージの確立〉

CR（地域密着活動例）

①地域での信頼感を獲得するコピー・内容

②「リフォーム110番」
➡安心感をさそう。

③自店舗イメージの訴求
➡他店との差別化

④何屋かがすぐわかる。

業種・業態を問わず、商品を売るためには、まず、消費者から信頼を得ることが必要。特にこのケースの場合はリフォームという高額な受注事業のため、消費者から特に信頼される必要がある。そのために、商圏の消費者が何を必要としているか、何に困っているかといったことを把握し、それをプロモーションに生かす。
この商圏では、「悪質訪問販売」が多いという情報を入手し、消費者へ注意を喚起する活動を2年以上続けている。

*上記店舗では、売上げ増大に成功し、新規顧客の獲得とともに固定客も増えた。スタッフの個人名宛に相談電話がかかってくるケースも多く、地域ナンバーワン店の地位を確立している。

事例研究――ロケーションマップ＆ストア・ブランドイメージの確立

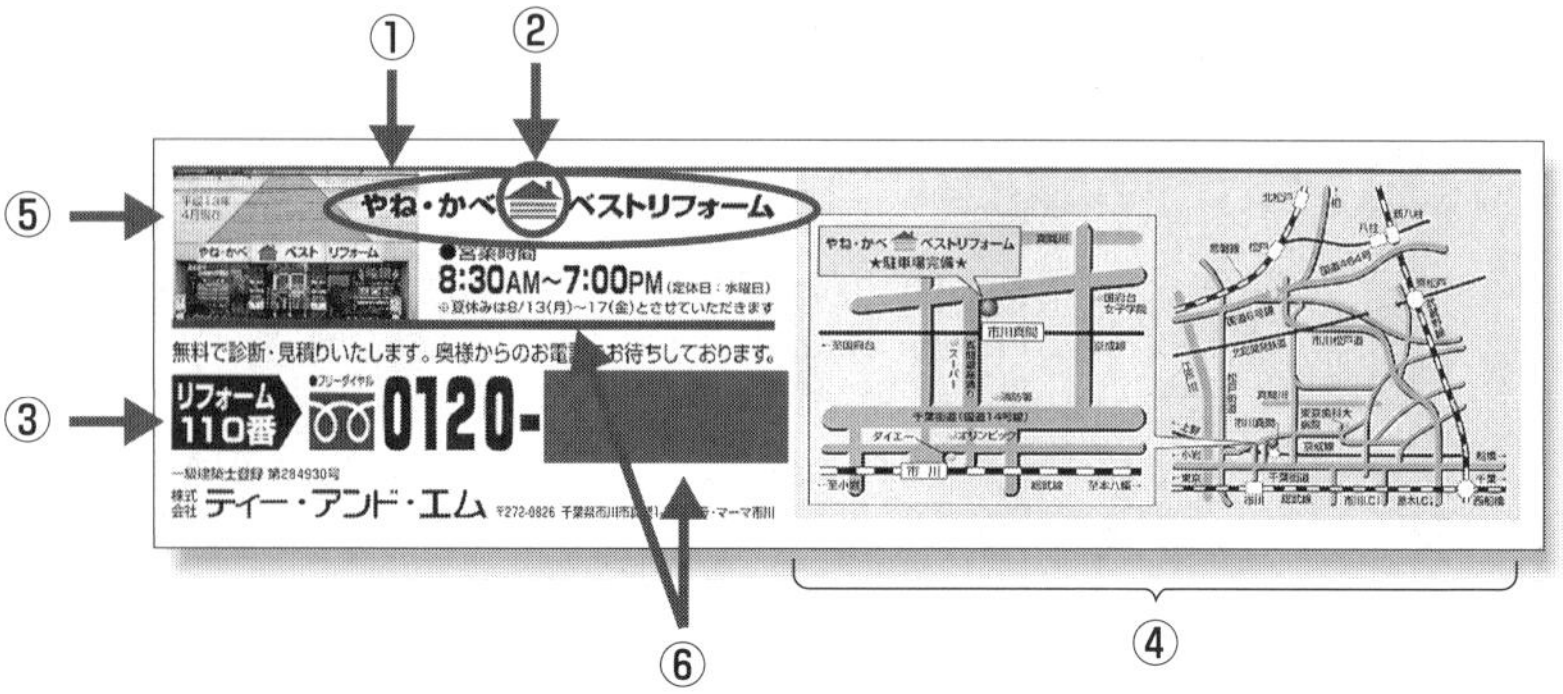

①「やね・かべ」➡主力商品がすぐわかる。

②親しみのもてるロゴマーク➡業種がわかりやすい。

③信頼感の抱けるキャッチコピー➡「ベストリフォーム」「リフォーム110番」。

④近隣と広域のマップの2本立てで、親切でわかりやすい。

⑤店の写真掲示
➡認知度アップと店舗イメージアップ（クオリティの高い店頭）。

⑥営業時間とフリーダイヤル番号がわかりやすい。

3　クーポン券等の取り扱いには要注意

一般に、クーポン券は店内で配布されることが多く、消費額のアップ、すなわち客単価のアップ、同時にリピートを増やし、よりヘビーなユーザーに移行してもらうことを目的としている。

ただ、店内での配布ばかりを続けていると、その相手が、実は、ヘビーユーザーばかりというようなケースが生じて、逆に客単価を下げることになって売上げの減少につながりかねない。もちろん、新規顧客の獲得もできない。こうなると、せっかくのクーポン券も、店舗にとっては何の価値もないものになってしまう。店外でのチラシ配布などと連携させるなど、慎重な戦略・戦術展開が必要である。

また、クーポン券は、現金や商品券と同様の価値をもつものである。当然、厳重な管理・取り扱いを徹底しておかなければならない。一七六、一七七ページの「プロモーションカード管理ガイド」を参考にしていただきたい。

ョンカードを提供する。

③各種パーティ等の場合、幹事さんたちへプレゼントする。

店外活動

①タイアップ活動

この活動は、集客の多い店舗（TG）や、生命保険などの事業所にプロモーションカードのサービスカードを持参し、フロント、レジ等に置き、お客さまに差し上げていただく作戦である。

②事業所訪問（上記タイアップ先）各種団体

パーティ予約、宴会予約、ダイレクトメール、誕生祝い等に使用し、積極的な新規顧客の獲得の促進活動の一貫として利用する。

③従業員活性化

この活動は、アシスタントマネージャー、従業員のリーダークラス、または店長判断によって従業員全員にプロモーションカードを使用して、店内の販売活動を活発にする。

例1：カスタマーリレーション活動ができる人
- ・アシスタントマネージャー（社員）
- ・従業員のリーダークラス

例2：販売促進計画に沿ってプロモーションカードを活用する。
- ・パーティ活動の道具
- ・全従業員に参加させる（パート・アルバイトを含む）

④プロモーションカードを活用しての、本部が計画する販売促進活動については、本部の指示に従う。

3. 回収方法の基本

●キャッシュ・レジスターの管理

●プロモーションカードの回収券があった場合の処理方法

①回収券の商品は打刻する。

（サービス、割引部門欄へ打刻）

②回収券の処理は次のとおり。

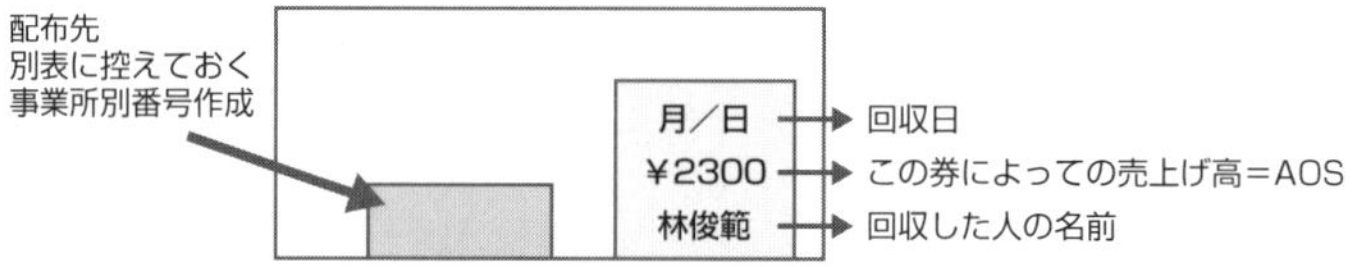

③レジスターのドロアーのなかに入れる。

④クローズシフト（閉店担当責任者）が、その日のプロモーションカードの処理をする。「マーケティング活動売上げ集計用紙」に記入。

プロモーションカード管理ガイド

プロモーションカード（販売促進券）の取扱い規定

プロモーションカードは、一種の現金、商品券等と同様の価値があるので、その取扱いおよび管理については、厳重に実施しなければならない。

1．管理運用規定

店長の責任と権限において、店舗においては店長が直接管理しなければならない。

店長の直接管理

①プロモーションカードの受取責任者は、店長および社員とする。
②プロモーションカードの使用方法の決定（管理計画表と一緒に提出）。
③プロモーションカード管理表への記入および提出（月末書類と一緒に提出）。
④回収プロモーションカードの提出（「マーケティング活動売上げ集計用紙」月末集計翌月1日までに提出）。
⑤プロモーションカードは鍵のかかる所、または金庫内にて保管する。
⑥現金と同様の管理責任。

不正およびミスの防止

プロモーションカードを正しく処理または使用できるように、パート・アルバイトをトレーニングする。

盗難の防止

現金と同様の取扱いなので、盗難・紛失または在庫調査上の不備があった場合は本部に対して直ちに事故報告を提出しなければならない。

2．プロモーションカードの使用方法とその目的

店舗を運営し、お客さまのご支持をいただいて利益を上げていくためには、店長が覚えるべきこと、実行すべきことがいろいろとあるが、何よりも大切なことは、システム・基本を忠実に実践することである。

（1）プロモーションカードの使用方法の基本
プロモーションカードは、店舗レベルにおいて店長自らの判断にもとづいて、販売促進活動ができるように開発された道具で、本質的には、店舗を中心とした地味な商圏開発の道具である。

（2）グッドウイルの獲得（Good Will＝意味：親善、友好）

店内活動

①これはお客さまとのよりよい関係を築く方法である。営業による感謝の気持ちだけではなく、再来を期待したとき、プロモーションカードを提供する。
②商品の提供が遅かったり、お客さまにお待ちいただいたり、満席でお帰りいただくようなとき、店長判断でそのお客さまにプロモーシ

第7章
ロスを絶対出さない動線への攻め方

人間の〝行動科学〟をベースにした
無理無駄のないプロモーション展開で
客数・客単価増大が確実に実現できる。

1 消費者を店舗まで連れてくる（プル戦略）

商圏に対しての攻め方

●ポイントを絞る

売上げ増大には、プル戦略――いかにして消費者を自店舗まで連れてくるか、プッシュ戦略――いかにして来店したお客さまに多く消費していただくか、の二つの戦略を実践することが必要である。本章では、消費者の動線にそって、いかに徹底して戦略を実践していくかに焦点を当てていきたい。

もちろん、それぞれの店舗の特性やニーズに加え、商圏の特性もあり、そのまま同じ方法をとることはむずかしいケースもあろうが、そのねらい、その本質に迫り理解することを通して、自店舗に応用することができるはずである。

まずはプル戦略から述べていく。対象となるのは、いうまでもなく、自店舗に来店する可能性のある消費者が住む商圏ということになる。しかし、一口に商圏といっても範囲が広く、同じような内容のプロモーションを展開するのでは、エリアによっては合理性を欠き、効果にバラツキが生じることになる。

そのようなリスクを避け、より効果的なプロモーションを展開するには、

①商圏
②キー・アクセスポイント
③店舗近隣
④店舗から二〇メートル離れた地点
⑤店舗前

というようにポイントを絞った上で、それぞれのポイントに適合したアプローチ、アクションをとることが必要である。これによって、お客さまの手もとにまで確実に情報が届き、来店のモチベーションも形成しやすくなる。商圏から順に、その攻め方について見ていこう。

●自店舗の尺度をもつ

自店舗の情報活動において、店頭を歩く消費者の動線を考えることなく、ひたすらチラシを配っているケースが多い。これでは、たいした効果はのぞめないし、ロスも大きくなる。しかし、商圏内でのチラシ配布と売上げとの相関がわかれば、売上げ目標に応じてチラシをまくことが可能となり、ロスを小さくする一方、効果を得ることもできる。

ただ、それを実現するには、データが必要である。データの蓄積は、実際にチラシをまくこ

とによって得られる。

この際のポイントは、地域ごとにチラシ配布を実施することである。地域のチラシのカバー率（普及率）をＡＣ（Area Coverage. 客単価もＡＣ（Average Check）と称されることがあるので注意）と呼ぶが、地域ごとのＡＣと売上げの相関を出すためである。

たとえば、世帯数一〇〇戸の地域に、各戸一枚ずつ一〇〇枚のチラシをポスティングによって配布すれば、ＡＣは一〇〇パーセントということになる。同一地域にもう一巡すると、ＡＣは二〇〇パーセントである。

これをたとえば一カ月に一回、一定期間（三カ月以上）続けると同時に、この期間の売上げの推移を見るのである。そうすると、チラシ〇枚配布すれば、売上げは〇パーセントアップするといった相関があきらかになる。すなわち、自店舗のプロモーション展開のめやす・尺度を手に入れることができるのである。

ＡＣが一二〇パーセント以上であれば、売上げは前年を上回り、ＡＣが一二〇パーセント以下であれば、売上げが前年を下回るというデータもある。

ここではポスティングによるチラシ配布の例をあげたが、どのツールを用い、どのような方法でプロモーションを展開したかを記録し、売上げとの相関を出すように努めることが必要である。前述したように、売上げ目標に応じた的確なプロモーション活動を展開することが可能となるからである。

POINT

一度に大きな成果をのぞまず、少しの成果があったことを評価し、その成果をさらに上回るために知恵を絞る。

チラシ配布枚数と売上げ増大の相関

ACの考え方

ACとは → 地域におけるチラシカバー率

チラシ100枚 → 世帯数100戸＝AC100％
各戸1枚ずつ配布

チラシ200枚 → 世帯数100戸＝AC200％
各戸1枚ずつ配布を2回実施

ACと売上げとの相関

（一定地域）

チラシ配布 → AC　○％

売上げ → ○％アップ

→ 3カ月以上継続
データ収集・分析

↓

ACと売上げとの相関の判明

↓

効果的なプロモーション実践が可能となる。

↓

売上げ目標達成のために何枚のチラシを配布すれば
よいのかがわかる。

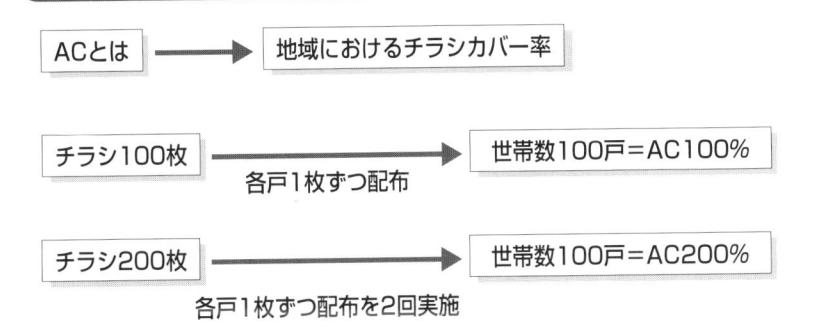

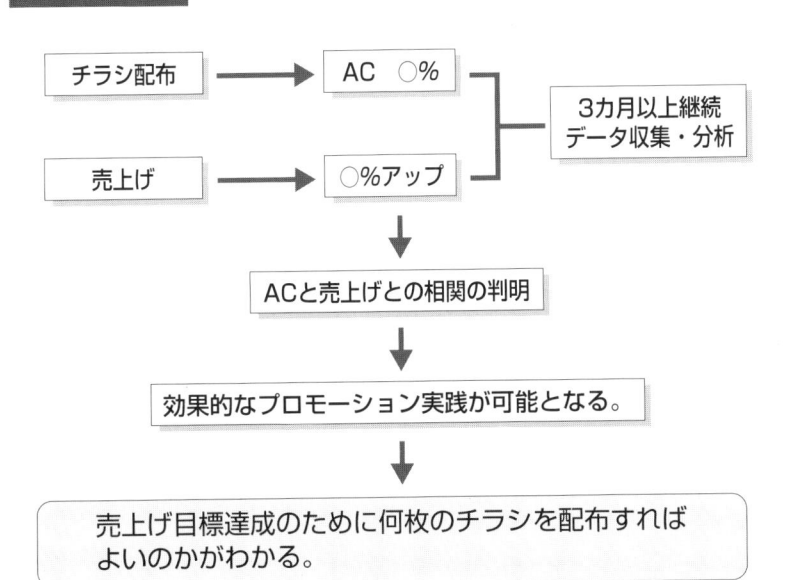

●一度も来店したことのない消費者へのアプローチ

売上げ増大を実現させるためには、新規顧客の獲得が不可欠だ。新規顧客を獲得するには、自店舗の存在とプロモーション等の情報を消費者に伝達することが求められる。そのための効果的な方法について考えてみよう。

たとえば、情報伝達の手段としては、次の四つが考えられる。

①手渡しによる配布
②ポスティングチラシ
③折込みチラシ
④タイアップ

この四つのうち①は、配布方法を工夫することで大きな効果をあげることが期待できる。また、②③と④は性格・内容が異なるので、分けて論じたい。まずは、一般的な手法ともいえる②③について述べていこう。

〈チラシ・プロモーション〉

プロモーション効果をはかるうえで着眼しなければならないのは、なんといっても、確実に相手に情報が伝わるか、ということである。この点、ポスティングチラシも折込みチラシも、いうなれば〝宅配〟でさほど差はないと考えられる。ただ、ポスティングチラシが個別の存在として郵便受けから直接取り出され、人の目に入りやすいのに対し、折込みチラシの場合は、他の多くの折込みチラシのなかの一つという受け止められ方をされがちで、一パーセント以下

折込みチラシ、ポスティングチラシのメリット・デメリット

	折込みチラシ	ポスティングチラシ
1 配布枚数	1回での大量配布が可。	1回（1日）での配布枚数が限定。
2 配布エリア	指定可能（5～10大字単位で可能）。 ＊新聞販売店によってエリアが限定されるため。	指定可能（町丁目単位で可能）。 配布エリアの指定が可能。
	①配布したいエリアのみの配布は困難（コストの増大）。 ②逆に配布したくないエリアにも配布されてしまう（コストの増大）。	①配布したいエリアのみの配布が可能（コストの削減）。 ②配布したくないエリアには配布しなくてもOK（コストの削減）。
3 目的別チラシ配布:町丁目単位	不可能。	可能。
4 配布単位	多い。 5～10大字単位から。	少ない。 町丁目単位。
5 レスポンス（反応）	低い。 ①最近新聞をとらないOL、サラリーマンが増加。 ②折込みチラシを見ない人が増加（見たいチラシ、自分に関係のあるチラシが少ないため）。 ③毎日折込みされるチラシ量が多くめだちにくい（特に住宅販売等のチラシはサイズが大きく、紙質がよく、かつインパクトがある）。 ④クーポン券の外付けができないため、チラシとクーポンの同化（融合化）現象でクーポン券のインパクトが弱い。	高い。 ①クオリティの高いチラシやクーポンのポスティングはほとんどない。 ②お客さまの間近まで自社だけのチラシを配布できる。見てもらえる可能性が大きい。 ③1世帯あたりのポスティング枚数は多いが、インパクトのあるチラシが皆無に等しい。 ④クーポン券の外付けができ、2倍のインパクト（チラシ&クーポン券）を与えることができる。
6 配布枚数と店舗オペレーション	1回（1日）あたりの大量配布が可能。 ▼ 1度に多くの人への情報提供が可能。 ▼ レスポンスの予測が難しく、配布に対しての来店客予測が困難。 ▼ 来店客が多い場合、逆に迷惑をかけ固定客を失うことになる。 来店客が少ない場合、店舗人員が過剰となり人件費を圧迫。 （高リスクで不安定な店舗運営）	1回（1日）あたりの配布のコントロールが可能。 ▼ 1回あたりの情報提供数のコントロールが可能。 ▼ レスポンスの予測ができ、配布枚数に対しての来店客予測が容易。 ▼ 計画的チラシ配布を実施することで、常に安定した客数の確保ができる。よって高いレベルのQSCの提供が可能＝固定客化。 店舗人員コントロールが容易となり、人件費が適正に管理できる。 （低リスクで安定した店舗運営）
7 費用対効果（効果測定）	効果小。 クーポン券回収率1％以下（当社データより）。 ＊配布エリアの指定ができないうえ、配布枚数が多いため。	効果大。 クーポン券回収率3～5％（当社データより）。 ＊エリア別の顧客情報にもとづいてチラシ&クーポンの配布を実施。

③商圏開発指数（地域の全人口中何パーセントが自店舗のお客さまなのか）の把握。

・店舗の近隣北側の商圏開発指数が5パーセント以下と低い。

④直前・直後の場所。

a）イトーヨーカ堂などの大規模小売りと答えた人が約50パーセント。

b）上尾駅西口にTG（イトーヨーカ堂）があり、住宅地とこのTGを結ぶ動線が太く、動線上の南側にある地域は開発指数が高い。

⬇

買い物に行くついでに来店をするという“商圏の動き”がわかる。

⑤認知経路――各地域における認知経路を円グラフで表示した。

a）月に1～2回メニューチラシの新聞折込みを実施している。

b）しかしながら、折込みを見て来店する地域は少ない。

c）折込みを見ていない地域が多く、通りがかり、近所、口コミによる来店は各地域において90パーセント以上である。

⬇

新聞折込みによるメニューチラシをほとんど見ないという“消費者の行動パターン”がわかる。

Ⅲ ストアレベル・マーケティングの新方向性

①戦術……新規顧客の獲得と利用頻度の向上。

②戦術……商圏開発指数3パーセント以上の地域へメニューチラシ（クーポン券つき）のポスティングを集中的に実施。

Ⅳ 成果――客数1.5倍を実現！

①新規顧客の増大……各地域からのクーポン券の回収率は3～10パーセントであり、そのうち新規顧客が80パーセント以上をしめた。

②固定客化……………QSCレベル向上対策により、ピーク時のQSCレベルが向上した。

事例研究――実勢商圏地図の活用

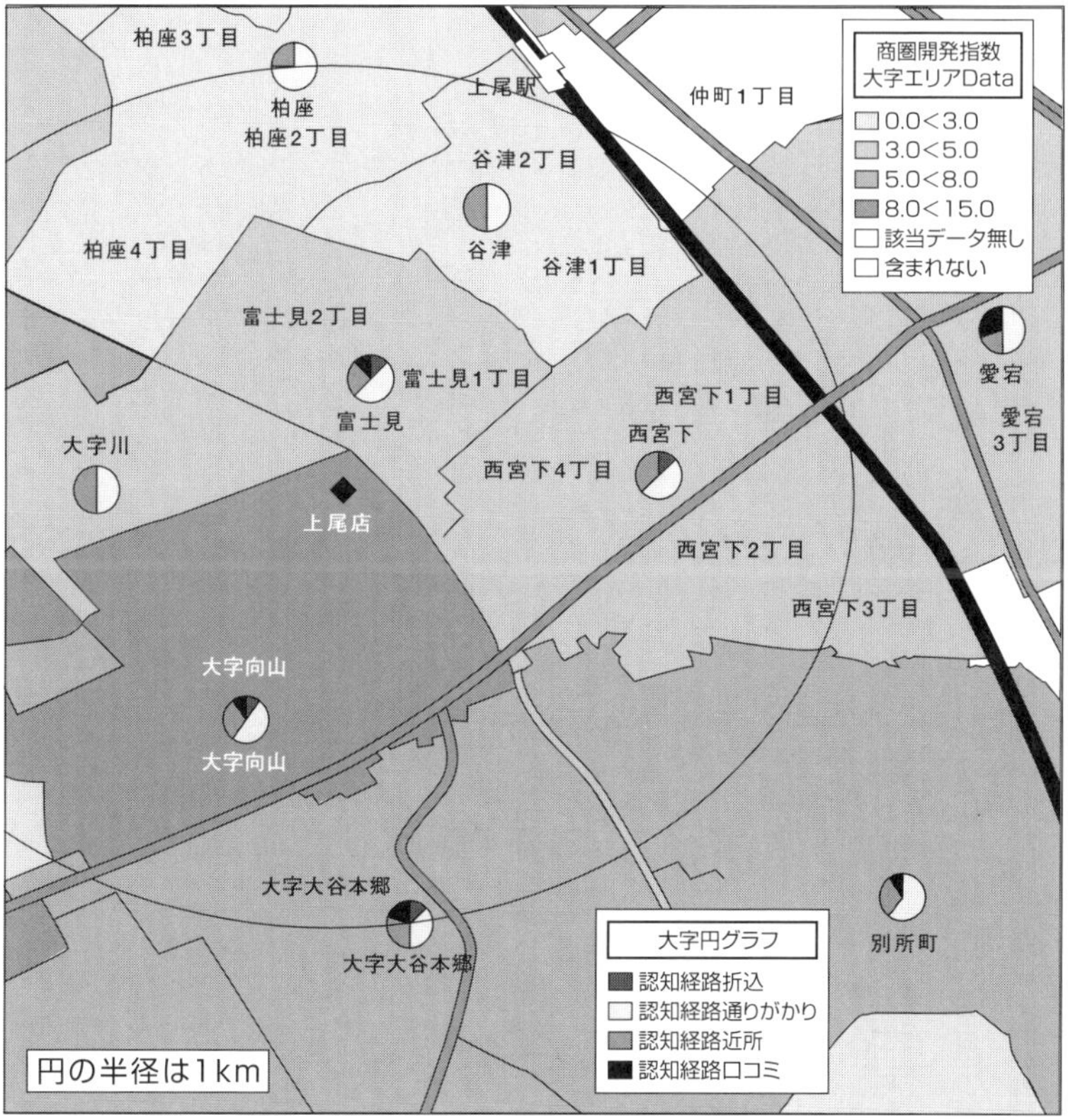

GISソフト：テラ・カスタマー（マップマーケティング社製）により作成したものをトレース・一部改変

Ⅰ 情報収集

お客さまへのアンケートの実施によって、的確で信頼度の高い情報を収集する。

Ⅱ 集計と分析

1　得られた情報（居住地域と認知経路）で商圏地図を作成する。

2　商圏地図とアンケートから得られた情報をまとめる。

①来店頻度……月に1～2回。

②実勢商圏……狭い（商圏開発指数5％以上の地域）。

の人しか見ないというデータもある。そういう意味では、やはり、ポスティングチラシのほうが折込みチラシよりも、インパクトが大きいといえる。

また、一口に情報伝達といっても、商圏の特性によって、伝達の内容や意図を変える必要がある。的確できめ細かな対応をすることによって、より大きな効果を得るためである。

たとえば、自店舗のお客さまの多い地域には、半額クーポンや一枚で何名でも使えるクーポンの配布によって、来店頻度を上げる、同伴者を増加させるプロモーションを展開すべきであるし、逆にお客さまの少ない地域には、特別ご招待券などを用いた、一度ぜひ来店していただきたいというプロモーションが必要となる。

この点においても、ポスティングチラシは戸別の対応が可能なだけに、有利であり効果的だといえる。折込みチラシの場合、どうしても主体の新聞などの配布が優先されるため、店舗サイドの意図どおりに配布されることは非常に困難である。

もちろん、ポスティングチラシを選択すれば、それでこと足りるというわけではない。限られた時間で最大の効果をあげるには、まず第一に、どのようなチラシにするかを決定すると同時に、チラシ自体のＱＳＣ＋Ｖが厳守され、インパクトのあるものでなくてはならない。この条件を兼ね備えたチラシを、各地域の開発状況が一目でわかる実勢商圏地図を作成（一八六、一八七ページ参照）して優先順位を定め、集中的に、かつ継続的に配布していくのである。「チラシ・クーポン券配布計画＆実績シート」（一八九ページ参照）を作成し合理的なアクションをとっていただきたい。

チラシ・クーポン券配布計画＆実績シート

店名 ＿＿＿＿＿＿＿＿ 売上げ実績 ＿＿＿＿＿＿ 作成者 ＿＿＿＿＿＿

売上げ計画 ＿＿＿＿＿＿ 売上げ実績 ＿＿＿＿＿＿ 達成率 ＿＿＿＿＿＿ %

商 圏 人 口 ＿＿＿＿＿＿ 配布計画 ＿＿＿＿＿＿ 枚 AC計画 ＿＿＿＿＿＿ %

配布ツール ＿＿＿＿＿＿ 配布実績 ＿＿＿＿＿＿ 枚 AC実績 ＿＿＿＿＿＿ %

エリアNo.	町丁目名	人 口	配布枚数	AC (%)	配布日	配布ツール	担当者

〈タイアップ・プロモーション〉

タイアップ・プロモーションとは、商圏内に有力なパートナーを見出し、そこと提携して行うプロモーション活動のことであり、新規顧客の獲得、商圏内の認知度の浸透・向上等のメリットがある。

タイアップパートナーとして相手を選ぶ基準であるが、相手の店舗や施設などが、客数が多い、また売上げが多いところであれば、それだけプロモーション効果も大きくなるので、当然、パートナーとしてのぞましいということになる。

ただ、その場合、注意したいのは、相手の店舗運営水準、いわゆるＱＳＣが自店舗と同レベルにあるか、ということである。ＱＳＣに問題のある店舗や施設等とタイアップした場合、自店舗も同じレベルのイメージをお客さまに与えるおそれがある。

タイアップの内容としては、次のようなことが考えられる。

①クロスクーポンの実施……互いのクーポン券を交換し、自店舗ではタイアップ先のクーポン券を配布し、タイアップ先では自店舗のクーポン券を配布してもらう。

②景品配布……たとえば、パートナーの店舗や商店会の福引き、抽選会などの景品として、自店舗のクーポン券などを配布してもらう。

③クリーンアップ・キャンペーン……たとえば、町内の子ども会などと共同で、店舗付近の清掃を実施し、回収袋にゴミをいっぱい集めるごとにクーポン券一枚を配布する。地域密着型で、地域イメージを高めることもできる。

タイアップ・プロモーション評価表

作成者名：＿＿＿＿＿＿＿＿　店舗名：＿＿＿＿＿＿＿＿　日付：＿＿＿＿＿＿＿＿

1. タイアップ先の業種・業態	
2. タイアップ先の運営水準のレベルは？	
品質（Q）	
サービス（S）	
クレンリネス（C）	
3. タイアップ先の地域内でのイメージはどうか？	
4. タイアップ先の毎日の来店客数はどれくらいか？	
5. タイアップ・プロモーションの具体的な内容は？	
仕組み	
原材料コスト	
POPコスト	
労務費	
6. 今回のタイアップ・プロモーションの評価は？	
7. プロモーションの実施―もっと効果を上げるためには、どのようなアクションが必要か？	
8. プロモーションの告知―もっと上手に情報伝達をするためにはどのようなアクションが必要か？	
9. プロモーションのインパクトを維持したまま、より適正なコストでどのような方法が考えられるか？	
10. プロモーションのインパクトを維持したまま、より効果的に実施するためにはどのような方法が考えられるか？	

④フリーパス……タイアップ先の会員証やレシートを見せると特典が得られる。

これ以外にも、店舗の特性や商圏の特性などにより、また店長以下のスタッフのアイデア次第で、さまざまな方法が考えられるであろう。

このようなタイアップ・プロモーションを展開するときは、次の点に注意する必要がある。

一つは、タイアップ先に、少なくともプロモーション費用の一部を負担してもらうこと。たとえば、クーポン券の印刷代の一部などを負担してもらうのである。たとえ、こちらから話をもっていった場合でも、相手の協力が得られるように交渉することが大切である。限られた少ない予算であれば、なおさら、相手の協力・負担が必要となる。

もう一つは、タイアップ先の店舗や施設から、自店舗の視認性が得られること。自店舗そのものが見えれば一番よいが、それが無理な場合は、ポスターなどで自店舗のロケーションマップを掲示することが必要である。

もちろん、自店舗にばかりメリットがあるようでは、相手の理解は得られない。タイアップ先にもメリットがあるようなプランニングをすることが肝心である。

キー・アクセスポイントに対する攻め方

●キー・アクセスポイントとは

キー・アクセスポイントとは、商圏から自店舗までのお客さまの来店経路における最も重要な箇所、あるいは店舗近くのＴＧ間を移動する人の動線上のポイントのことである。

つまり、自店舗への経路に通ずる人の流れにポイントを設定し、そこでプロモーションを展開することで、スムーズに来店してもらう、あるいは来店のモチベーションを与えようというわけである。

●どこにポイントを置くか

主たるツールとしては看板を用いることになるが、キーを握るのは、やはりポイントをどこに置くかということになる。

店舗が、ＴＧとＴＧをつなぐ主要道路（主動線）、主要道路から入り込んだところ、あるいは裏道（副動線）などにある場合とも、基本的な考え方は同じである。お客さまを自店舗に引きつけるための最適のポイントを検証・設定し、そこを通過する対象者の目線に入るよう看板を立てる。動線と自店舗の位置関係に応じたアクセスマップの表示が必要になる。

また、人の流れが徒歩によるものなのか、あるいは車、バスを利用しているのか、といったことにも配慮するなど、商圏地図をさまざまな角度から実査・検証して、最適のポイントを設定することが求められる。ＴＧと動線について、実際に筆者が実査を行った池袋駅東口を具体例として取りあげた（一九四、一九五ページ参照）。このケースを参考に、店舗の実査を実施していただきたい。

〈池袋駅東口における大きなTG（集客施設）〉

①池袋駅（JR、東武、西武、営団（丸ノ内線、有楽町線））
　および地下街。
②東急ハンズ、サンシャインシティ、60階通り。
③三越、ビックカメラ、キンカ堂。
④パルコ、西武、ロフト。

1.主動線	主動線（　　）は、大きなTGとの間に最も太い動線（歩行中、人がぶつかりそうになるくらい）が発生している。 このエリアでは、ティッシュやクーポンの配布、立ち看板が多い。これは、集客を狙った行動の1つのあらわれである。
2.副動線	副動線（　　）は、上記「1.主動線」の裏道に発生している（混雑を避け目的地へ向う）。
3.地下街	地下街は、次のような特徴をもつ。 ①地下街同士でのつながりによる地下街の回遊動線。 ②地下街からサンシャイン方向への動線が太い（エスカレーターや幅広い歩道と横断歩道）。
4.60階通り	60階通りそのものがTG化。 娯楽施設、小売り店、飲食店が密集し集客施設化している。

▶このような動線（副動線）にどんな人が、何の目的で歩いているかを観察し、クーポン券等の配布や、誘導看板の設置を行う。

※あるコーヒーショップのロケーションは副動線上であったが、主動線に誘導看板を置き視認性向上の努力をしている。

●売上げ獲得の積極的姿勢は必要であるが、路上の看板設置等は違法であることに注意したい。

事例研究 —— 動線の考え方（池袋駅東口）

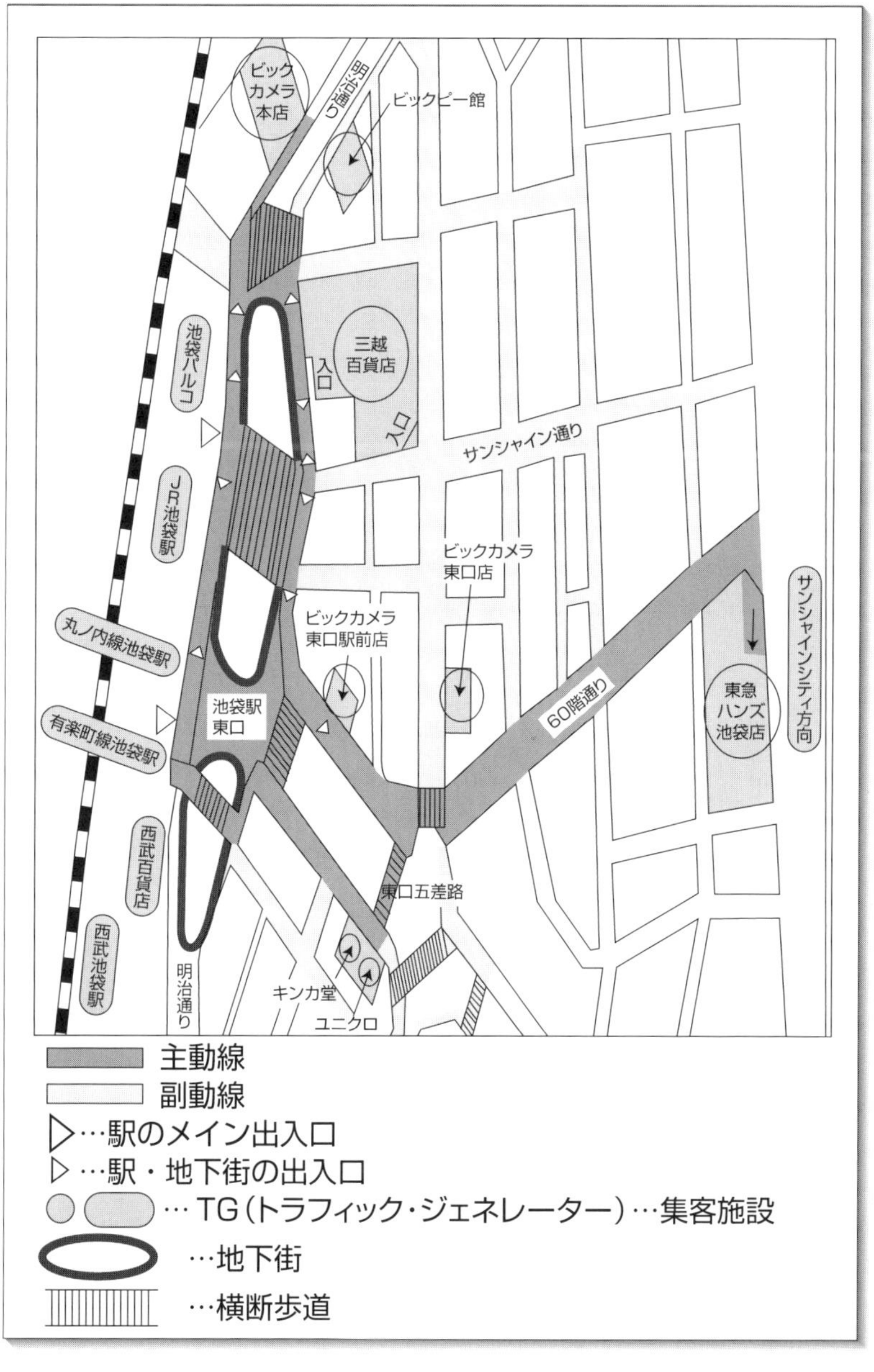

ビックカメラ本店
明治通り
ビックピー館
三越百貨店
入口
入口
池袋パルコ
JR池袋駅
サンシャイン通り
ビックカメラ東口店
ビックカメラ東口駅前店
丸ノ内線池袋駅
有楽町線池袋駅
池袋駅東口
60階通り
東急ハンズ池袋店
サンシャインシティ方向
西武百貨店
西武池袋駅
明治通り
東口五差路
キンカ堂
ユニクロ
主動線
副動線
▷…駅のメイン出入口
▷…駅・地下街の出入口
…TG（トラフィック・ジェネレーター）…集客施設
…地下街
…横断歩道

店舗近隣への攻め方——ＴＧ訪問

●キーマンとの信頼関係づくり

グランドオープン等においては、コミュニティ（地域社会）の人々に対し、開店の挨拶状や特別ご招待券を配布する。また、店舗の近くに新しい団地やアパート、新しいオフィス、事業所ができたような場合も同様に、挨拶状やご招待券を配布する。

ただ、このようなときも、一つ知恵を働かせてほしい。次のような例がある。

郊外型の寿司居酒屋は、新しくできた集合住宅などには、自店舗の紹介に加えて、引っ越してきたばかりで地域情報に疎い人たちが多いのをみこして地域情報も併せて提供し、住民の好評を博している。このようなアクションを通して、この寿司居酒屋は地域の消費者の信頼を獲得し、行列の絶えない地域ナンバーワン店の座を守り続けている。

もちろん、自店舗の紹介・挨拶にとどまらず、積極的なプロモーション活動を展開することも重要である。たとえば、商圏内のＴＧへのマーケティングは、ポイントを絞る分、ローコストを実現することができる一方で、多くの人の来店につながる、いわゆるハイリターンが期待できるというメリットがある。

それを実現するには、集合住宅や事業所といったＴＧを直接訪問する必要がある。そのとき注意したいのは、そこのキーマンと接触することである。集合住宅なら、管理責任者、事業者なら社長といったようにある一定の責任をもつ人、決裁権限のある人と交渉することである。

キーマン・コミュニケーションレポート

●キーマンのプロフィール

氏名	フリガナ	男・女	生年月日	
企業名・組織名		業種		
役職		就任日		
組織住所		電話	（代表） （直通）	
勤務時間				

●コミュニケーション記録

回数	日時	目的	内容／結果
1	／ （　：　）		
2	／ （　：　）		
3	／ （　：　）		
4	／ （　：　）		
5	／ （　：　）		

責任のない人の場合、挨拶程度以上の話の展開はほとんど無理といってよい。

　といって、キーマンと直接話せたからといって、すぐに信頼関係が築かれるはずもない。一回の訪問で、すぐによい結果を得ようなどと思ってはいけない。

「当店の場所はご存じでしょうか？　どのようにしてお知りになったのでしょうか」

と聞いても、「イエス」と答えるところは、一〇軒まわって一軒くらいしかない。たとえば、オープン以来十年経過して「名前も場所も知ってるだろう」と思い込んでいたところが、「名前は知ってるけど、場所は知らない」といわれてがっかりするケースもある。そういう場合でも、きちんと店舗の紹介をするとともに、一度来店していただくよう特別ご招待券（食事券など）を手渡すことも忘れないようにしたい。

　ともかくも、あきらめることなく訪問を繰り返すことで、徐々に信頼関係は醸成されていくのである。

　訪問した際は、そのつど「キーマン・コミュニケーションレポート」（一九七ページ参照）を作成し、キーマンについてさらに深く知るように努めることが大切だ。生年月日や自宅住所、その他、重要な情報を得ることができれば、信頼関係も相当深まり、〝好意〟を得ることができた証しと考えて差し支えない。すなわち、タイアップや折々の宴会利用、あるいは弁当の配達など、商談の成立に一歩近づいたことになる。

　このようにしてコミュニケーションが深まり信頼関係が構築されていくと、店舗に対する率直な声も聞くことができるようになり、自店舗のＱＳＣ向上にもつながる。実際、こんな例がある。

ある飲食店の店長が、ある事業所を訪問した折り、「おたくの店で出される皿はきたないねえ」といわれて、すぐに原因を探したところ、洗浄機の老朽化による作動不良と判明し、さっそく、新しいものに取り替え、QSCレベル向上に努めたところ、来店するお客さまが増えて、それまで低迷していたのがウソのように、売上げが好転した。

本来ならみずから気づくことが必要であるが、気づかないことも実際には多い。お客さまからのアピールで改善されるケースも少なくないのである。

このように、TGと信頼関係を構築することで、店内アンケート等では聞くことができない〝生々しい情報〟をも得ることができ、それが新たなビジネスチャンスを創出し、売上げの飛躍的な増大をもたらす契機となることもある。

●マーケティング・アシスタントを育成せよ

今まで述べてきたような内容すべてを店長一人で実行しようとしても、限界がある。そこで必要となるのがマーケティング・アシスタント（以下「MA」と呼ぶ）の育成である。MAの職務は、TG訪問、メニューやチラシの配布、電話案内をする一方、ピーク時には、店内でお客さまの誘導やクレーム処理などのフロアーサービスを担当することである。

では、誰にその役を担わせるかが問題となるが、コスト面での合理性を考え、パート・アルバイトを活用する。すなわち、パートやアルバイトのリーダーを育成し、そのリーダーにMA

として、店舗のマーケティングに積極的にかかわってもらうのである。

というと、不安ばかりが先行して、なかなかＭＡの育成に踏み切れない店長もいらっしゃることだろう。しかし、要は、パート・アルバイト・スタッフの質、トレーニング方法、ＭＡが積極的に動ける環境づくり次第であり、結局は、店長自身の問題といえよう。

たとえば、次のような事例がある。ある大手飲食チェーン店の例である。

そのチェーン店は、一流芸能人の公演で知られる新宿コマ劇場とＪＲ新宿駅東口の動線上の、ほぼなかほどに位置している。このチェーン店では、大学生をＭＡとして育成した。

彼女は、新宿コマ劇場の集客力を利用するために、公演の終了時間、コマ劇場から店舗までの移動時間などを調査して商品を完璧にストックし、チラシやメニューの配布などの戦術を実施し、売れ商品を売れる時期・時間に徹底的に売る戦略をとった。そうしたところ、なんと一時間あたり数十万円を売り上げ、そのチェーン店の新記録をうち立てた。店長のパート・アルバイトの育成・信頼が功を奏した例である。

また、ＭＡの育成は新規顧客の獲得に寄与するだけでなく、ＱＳＣレベルの向上による競合店との差別化の実現にもつながる。なぜならば、ＭＡみずからが努力して獲得した新規顧客が増えれば、誰だってうれしいはずであり、それがスマイルにつながり、サービスが向上するからである。当然活気に満ちた雰囲気のよい店となって売上げは増大し、地域ナンバーワン店も夢ではなくなる。

POINT

マーケティング・アシスタントを育成することで、新規顧客の獲得、ＱＳＣアップが期待できる。

MA（マーケティング・アシスタント）1日活動事例

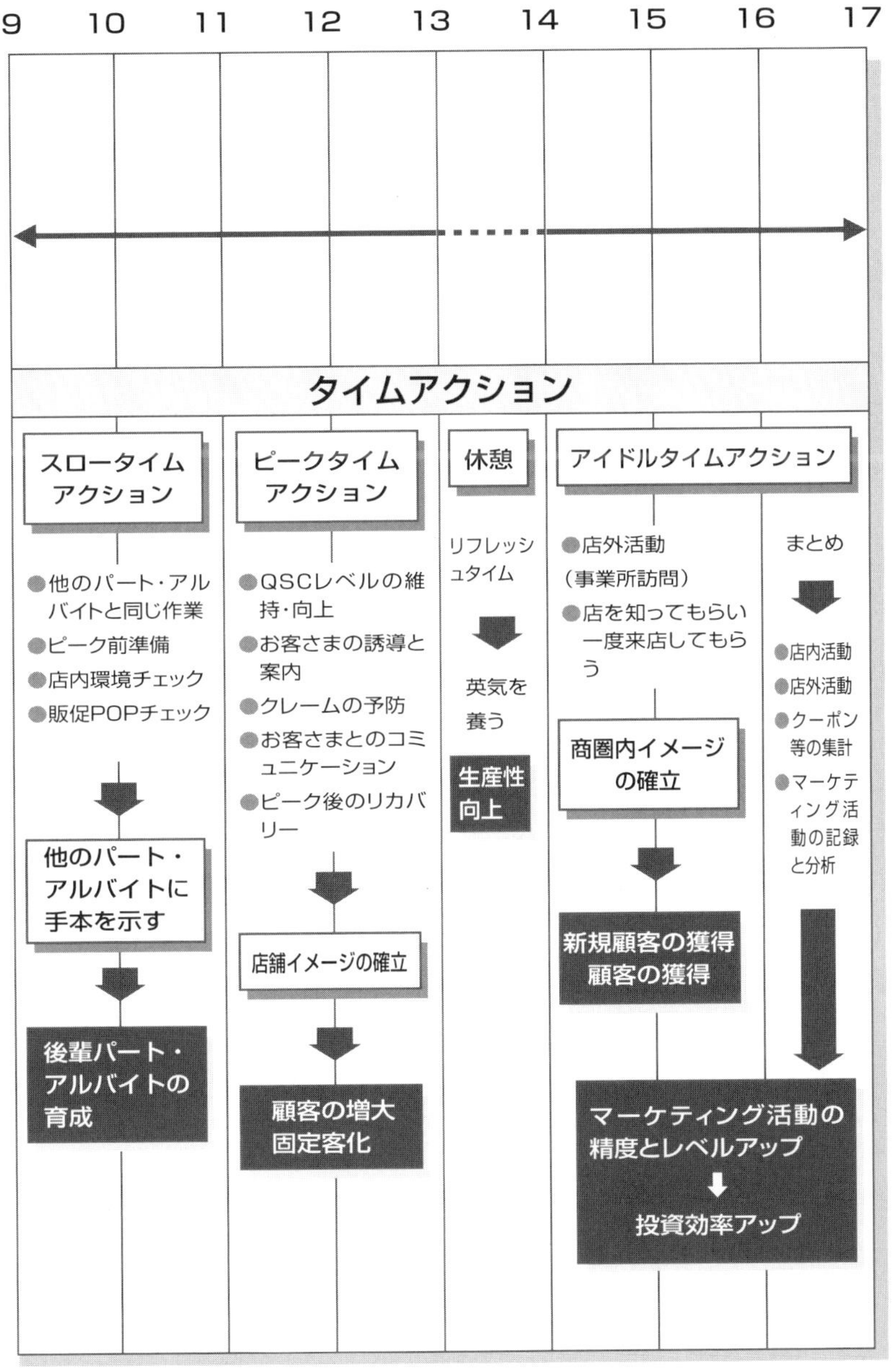
9
10
11
12
13
14
15
16
17
タイムアクション
スロータイムアクション
●他のパート・アルバイトと同じ作業
●ピーク前準備
●店内環境チェック
●販促POPチェック
他のパート・アルバイトに手本を示す
後輩パート・アルバイトの育成
ピークタイムアクション
●QSCレベルの維持・向上
●お客さまの誘導と案内
●クレームの予防
●お客さまとのコミュニケーション
●ピーク後のリカバリー
店舗イメージの確立
顧客の増大
固定客化
休憩
リフレッシュタイム
英気を養う
生産性向上
アイドルタイムアクション
●店外活動（事業所訪問）
●店を知ってもらい一度来店してもらう
商圏内イメージの確立
新規顧客の獲得
顧客の獲得
まとめ
●店内活動
●店外活動
●クーポン等の集計
●マーケティング活動の記録と分析
マーケティング活動の精度とレベルアップ
投資効率アップ

店舗二〇メートル前での攻め方

●「二〇メートル前」の理由

店舗近隣を的確に攻めた後は、自店舗から二〇メートル付近のプロモーションが大切になる。では、なぜ、二〇メートルなのか。

人間の購買行動の意思決定に要する時間と、その決断が持続する時間は、ともに一五～二〇秒程度といわれている。

そこで、店舗から一五～二〇秒ほど離れた地点で自店舗を視認することができる、あるいはその地点でプロモーションを展開すれば、ちょうどお客さまが自店舗への来店を決断したあたりに自店舗が存在することになる。また、その時点ですぐに決断しても心変わりを起こさないうちに自店舗に到達するという二つのねらいを達成することができる。

一五～二〇秒離れた地点を距離に換算してみよう。通行人の歩く速度は、だいたい時速四キロメートルといわれており、これを秒速に直せば、約一・一メートルになる。つまり、一五秒×一・一メートル～二〇秒×一・一メートルで、自店舗から一六・五～二二メートル、だいたい二〇メートル前後の距離ということになる。

また、郊外型の自動車で来店するお客さまをターゲットにしている店舗などの場合は、当然、自動車の速度を計算して距離を出すことになる。自動車の速度を時速四〇キロメートルとして計算すると、店舗から二〇秒離れた地点は二二二メートルほどになる。そこで、もう少し余裕

20メートル前で攻める理由

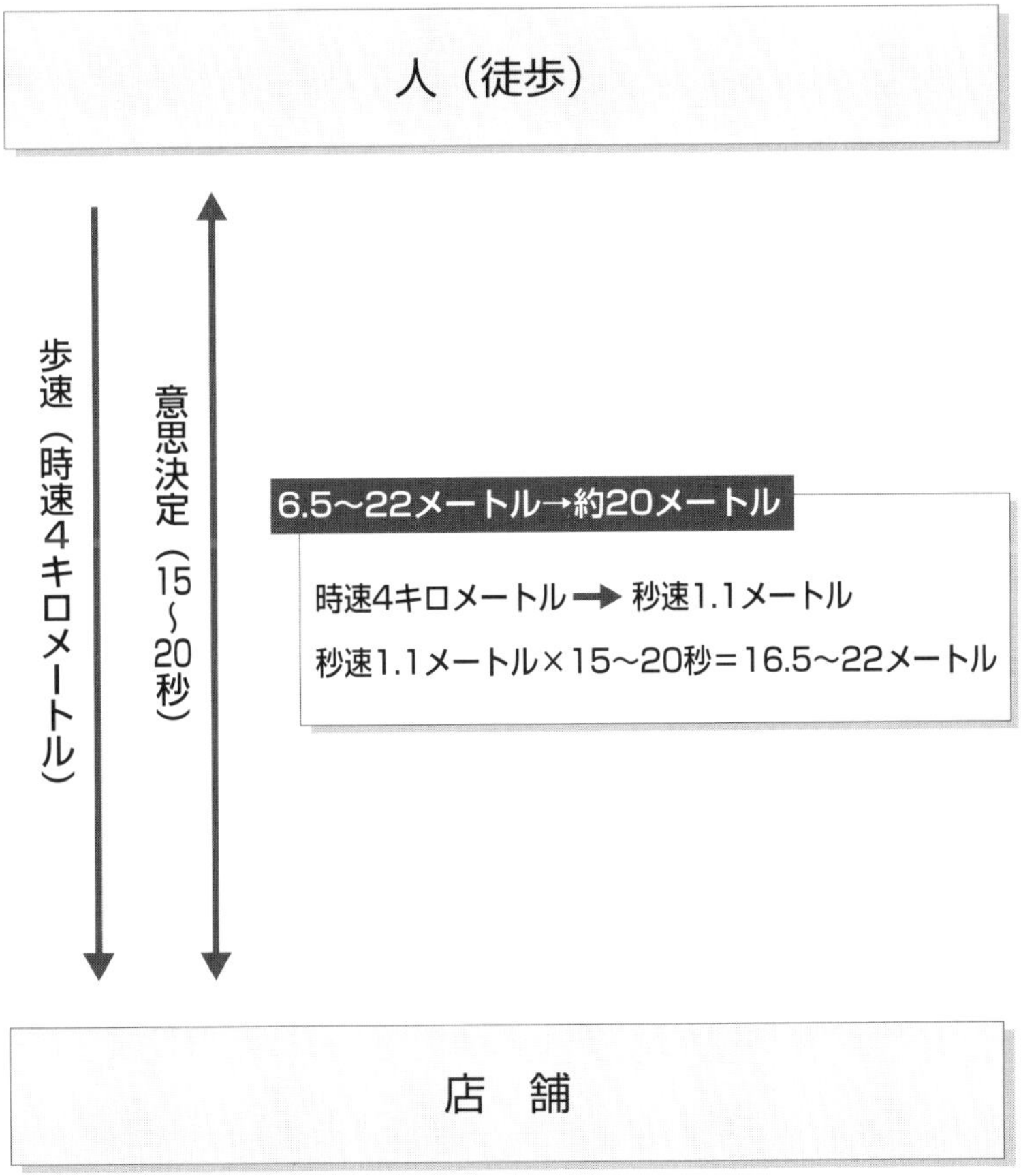

20メートル前での攻め方

- インパクトのある店舗視認性
- 一声そえたチラシ、クーポン券配布

をもたせて、店舗から三〇〇メートルくらい離れた地点から店舗が視認できるようにしておきたい。

郊外型店舗の多くは、必ずといってよいほど、信号機の上からポール看板がドライバーの目に飛び込んでくるように、位置や高さを計算し設置されている。すなわち、科学的に人間を分析したうえで店舗視認性向上をはかっている。

●どのような方法で攻めるか

では、店舗の二〇メートル手前で、いったいどのような方法で攻めていけばよいのか。最も重要なプロモーションとして、次の二つをあげることができる。

①店舗視認性の向上
②チラシ、クーポン券の配布

①の店舗視認性とは、店舗の存在がはっきりと確認でき、なおかつ入店したくなるような店頭であることが必要である。前述したＰＯＰのＱＳＣ＋Ｖのレベルが高水準で維持されていることはもちろん、より強いインパクトをお客さまに与えることが求められる。要するに、いかにめだつか、ということである。

動く、点滅する、明るい、大きい、などが、めだつ要素として考えられる。そこで、めだつツールとしては、次のようなものをあげることができる。

・突き出し看板

事例研究――店舗前20メートルからの店舗視認性

①狭い店頭だが、のぼり旗が3本。
②何屋か一目でわかる。
③風になびくのでめだつ。
④のぼり旗の高さがそろっていて、
　整然かつ清潔なイメージ。

営業感がいっぱい。
めだつ店頭。

●点滅するキオスクスタンド
●突き出しフラッグ（風になびき揺れる）
●のぼり旗（風になびき揺れる）
●ライトアップしたメニュースタンド
●より明るい店頭の照明

また、店舗の認知ということでいえば、二〇メートルにこだわらず、できれば三〇～五〇メートル離れた地点からでも店舗の存在が確認できればなおよい。

②のチラシ、クーポン券の配布は、よくお目にかかる光景であるが、店頭での配布が多い。チラシを受けとった人の多くは、チラシを見ながら店舗を通り過ぎていってしまう。何メートルか通り過ぎた後に、やっと後ろを振り返って店舗を見るが、もう入店することはない。これが通行人の行動パターンなのである。

さて、二〇メートル手前でチラシ（クーポン券）を配布する。このとき、

「その先の右手の〇〇（主力商品名または業種名）の□□（自店舗名）です」

の一言を必ず入れること。耳からもアプローチするわけである。

前述したように、チラシをもらった人は、チラシを渡されてもすぐには見ない。歩きながら見る。そして、店を探しながら歩く。

と、そのとき、のぼり旗に気づく。メニュースタンドもあるではないか。店舗の存在はしっかりと頭に焼きついた……。ここまでくれば、あとは店頭次第、店舗前での攻め方次第という

事例研究――足を止めたくなるような店頭

＜狭い店頭での努力事例＞
①何屋か一目でわかる。
②のぼり旗が風になびき、めだつ。
③大きいメニュースタンド。

営業感がいっぱい。
めだつ店頭。

通行人の目を引きつけるメニュースタンド

ことになる。自店舗前でチラシを配ってもさっぱりだったのが、筆者の指導のもと、店舗二〇メートル手前でチラシを配布したところ、チラシを受け取った人の三人に一人が入店したという事例もある。

店舗前での攻め方

●店舗前でいかに足を止めてもらうか

店舗前では、①いかに足を止めてもらうか、②いかに店内まで足を運んでもらうか、が勝負となる。

まず①の「店の前で足を止めてもらう」ための攻め方についてみていこう。

この際、最も手軽で有効な方法といえば、看板を出すことであろう。しかし、ただ単に看板を出しておけばよいというものではない。より効果の高い看板の出し方というものがある。それは、人の動線に対して垂直に看板を出すということである。

たとえば、人の動線を川の流れとするなら、流れをせき止めるような方向で看板を出すのである。スペース的に、あるいは立地的に人の動線に垂直に出すのが無理な場合は、せめて四五度以上の角度で人の動線と交わるように看板を出したい。いうまでもなく、そのほうが人の目にとまりやすいからである。

人の動線と平行に看板を出せば、それこそ川の流れのように、人は、そこに少しもとどまる

POINT

看板は、人が正面から見えるように、人の動線に対して垂直に出す。横目でなければ視認できないような看板の出し方は避ける。

事例研究——キオスクスタンド

コーヒーカップが回転

①何屋かすぐわかる。
②老人、子どもにもアピール（ひらがな、カタカナ使用）。
③おいしそうなキャッチコピー。
④価格が明示されている。お手ごろ感がある。
⑤看板が回転するのでめだつ。

創業期から全国チェーンに成長するまで、この看板を使用し、認知度やブランドイメージを向上させた。最近は、ブランドイメージを高める内容の看板へのシフトを進めている。

ことなく、立ち去ることになる。

また、看板は、商品や価格が明確にわかるものでなくてはならない。消費者に安心感を与えるためである。加えて、フィッシング商品を明示すれば、より大きなインパクトを与えることもできるだろう。

ただ、文字や絵をごちゃごちゃと雑然と詰め込みすぎないよう注意したい。

もちろん、看板を見て足を止めたからといって、そく入店というわけにはいかない。店頭が不潔であったり、放置自転車などの障害物があれば、人は、当然、入店に二の足を踏む。何度もいうように、店舗のＱＳＣは常に高レベルに保たれていなければならない。

また、店頭照明の明るさも、お客さまの興味を左右する。もちろん、店舗によっては、明るさを押さえることで、店舗の特性を出そうとするケースもあろうが、一般的には、やはりより明るいほうがインパクトも強く、お客さまを引きつけやすい。また、店内が昼間でも明るく保たれていれば、外から見ても「ただいま、営業中です」ということが確実に伝わり、お客さまの足は止まりやすい。

一方、店内が暗く、営業しているのかしていないのかがよくわからないような「営業感のない店舗」では、日々、多くの人がその前を通り過ごしていく。

たとえば、ドラッグチェーンストアのなかでも繁盛している店舗は、同業他社の三〜四倍のの照度で強烈な営業感を打ち出し、顧客を獲得している。

POINT

看板や店頭の視認性チェックは、店から20〜30メートル離れてチェックする。キオスクスタンド等の看板は、数センチ位置が違うだけで視認性が向上する。

消費者を引きつける店頭の条件

視覚へのアプローチ

- （20メートル以上手前から）店が見える。
- （20メートル以上手前から）看板が見える。
- 何屋か、すぐわかる。
- 営業感がある（営業していることが明確にわかる）。
- めだつ。
- 商品や価格が、入店しなくてもわかる。

聴覚・嗅覚へのアプローチ

- しゃれたBGMが流れている。
- デモテープで情報がわかる。
- いいにおいがする。

インパクトが大きい

- 照明が明るい。
- ライトが点滅・フラッシュがめだつ。
- 旗などが大きい。
- 看板が大きい。
- 店頭でのイベント。

入店しやすい環境

- 入店しやすい雰囲気。
- 商品や価格が店外でもわかる。
- 店内が見える。
- 店内のイメージがよい。
- 間口・入り口が広い。
- 店前等に障害がない。

●いかに店内まで足を運んでもらうか

店頭まで足を運んでくれた人々を、いかに店内に誘うか——文字どおり、プル戦略の仕上げということになる。

前項と重なるが、店内が外から見える、店内が明るく雰囲気がよい、価格や商品情報をオープンにするなどの戦術を通じて、好イメージを与えることに努めることだ。また、入り口が広く、入り口が清潔に保たれている、段差がないといったアプローチ条件を満たしていることが要求され、いかに「よいイメージとモチベーション」を与えることができるか、また、入店における物理的・心理的障害を取り除くことができるか、つまり、〝入店のしやすさ〟が大きなポイントとなる。

とにかく店舗前の〝攻防〟は、お客さまの好感を勝ちとる最初のチャンスであると同時に、いったん失望させれば、将来にわたっても入店はのぞめないという確率の高い、いわば最後のチャンスともなり得る戦いである。死力を尽くして取り組んでいただきたい。

●売上増大に寄与する店頭のＰＯＰ

二一三、二一四ページの店頭のＰＯＰツールは、大きく内容もシンプルでインパクトが大きい。このような店頭におけるＰＯＰの訴求は、売上げ増大にも大きく寄与する。和菓子チェーンの倭屋ではみたらし団子のＰＯＰにより三倍、サンドイッチチェーンのビクトリーでは、アイスカフェラテのＰＯＰにより五倍に、それぞれ販売数が増大した。

事例研究——店舗前での戦略

①昼でもライトアップ。
②商品と価格が写真入りで明示。
③セット商品を明示 ➡ お得感。
④価格が表示されている
➡ 安心感。

通行人へのアプローチ
↓
いかに足を止めるか
↓
いかに入店してもらうか

①バナー上部ライトアップ
➡ 目をひく。
②木製のメニュー板で商品名と価格、店内のイメージを表現
➡ 不安解消。

事例研究——バナー（懸垂幕）

①おいしそうなイメージ ➡ あつあつ感。

②商品の訴求ボリューム感がある。

③インパクトのあるキャッチコピー ➡ 品質への安心感。

④正しい商品名と価格を明記 ➡ 商品の浸透とお値打ち感。

⑤ブランドイメージの浸透。

2 客単価を上げる（プッシュ戦略）

購買意欲を刺激する

●セットメニュー戦略

プル戦略によって、お客さまを来店させることができれば、次は、当然、店内でプロモーション活動を展開することになる。いわゆるプッシュ戦略の展開である。その一番の目的は、客単価のアップということにある。客単価のアップとは、いうまでもなく、それぞれのお客さまに、より多くお買いあげいただく、消費していただくことである。

①安さを前面に押し出したフィッシングメニューでお客さまを呼び込む。
②フィッシングメニューと、それにマッチングしやすいメニューを組み合わせた、割安感のあるセットメニューを数種類用意しておき、ＰＯＰなどを利用したプロモーションを展開する。
③もう一品追加したくなるようなメニュー（追加メニュー）を別途そろえておく。

これらを、それぞれわかりやすくラインアップしておけば、お客さまも注文しやすいし、割安感もあるため、お客さまの購買意欲を刺激し、売上げアップにつながる。

また、この活動を継続することで、〝買いやすい店〟〝お得な店〟というよいイメージを商圏内に構築することができ、ブランドイメージが確立される。

●メニューシートの目的・役割

メニューシート（メニューブック、チラシ）は、メニューとその価格を明示し、お客さまが注文しやすいように配慮したものでなければならないが、メニューの役割をそれだけにとどめるのは早計である。

メニューシートは、次のような目的・役割をあわせもつものでなければならない。

- 一品購入促進……もう一品購入してもらう
- 次回、来店時の告知（商品の浸透）
- 店舗イメージの確立

ところで、①フィッシングメニュー、②セットメニュー、③追加メニューという仕組みは、メニューという言葉のせいでレストラン、フード店に限った戦略のように思われがちだが、それは誤解である。それ以外の業種でも応用することが十分可能なのである。言葉を換えれば、

①お客さまを自店舗に呼び込むためのサービス商品（フィッシングメニュー）
②割安・満足感を与えるセット商品（セットメニュー・儲けメニュー）
③ついでに買っておけば便利な追加商品（追加メニュー）

と表現することができる。他業種でも、十分採用できる仕組みであることがご理解いただけるであろう。業種・業態を問わず、自店舗の特性をかんがみ、ぜひチャレンジしていただきたい。

●三つの売上げアップ手法

このほか、

- 買うつもりの商品に追加して買ってもらう＝One More Item（アドオンセールス）
- 買うつもりだった商品よりもサイズの大きい商品を買っていただく（トレードアップ）
- 家族や友人などの同伴者を増やす（グループサイズアップ）

などの手法を用いることでも、売上げアップをはかることができる。このような戦略もあわせて実施したい。

レジ・売り場での対応

●推奨販売の実施

レジや売り場などで、お客さまと直接接する際は、推奨販売を実施する。もちろん、購入点数を増やし客単価をアップさせるためである。

レストランを例にとると、注文を受けた後、「〇〇はいかがですか」というように推奨するわけである。ただ、推奨する商品は、次のような一定の条件を満たしている必要がある。

- 追加することで、先に注文された商品をよりおいしく召し上がることができる。
- 追加する商品の価格が安くなる。

レストラン以外の店舗では、このほか、追加して購入すると「便利」というような条件をそなえた商品の推奨や「コンサルティングセールス」といった手法を実行するとよい。

また、あらかじめお客さまの購入商品に応じて推奨商品をラインアップし、スタッフに浸透させておけば、よりスムーズで的確な推奨販売が可能となる。

たとえば、ファーストフード・チェーンでは、お客さまの購入商品に応じて、推奨する商品をラインアップしている。

購入商品	推奨商品
ハンバーガーのみ	ドリンク
ハンバーガー・ドリンク	ポテト
セット	トレードアップ商品あるいはデザート

今日では、ハンバーガー、ドリンク、ポテトを一緒に食べるということが当たり前になっているが、先人たちが推奨販売の原則にもとづき、おすすめを何十年にもわたって継続した結果

推奨販売のポイント

推奨販売（サジェスティブセーリング）

- “注文の承り” の直後…「ご一緒に○○はいかかでしょうか?」
- “中間サービス時” …「お代りをお持ちいたしますか?」

目　的

①お客さまが忘れている商品を知らせる

⇒買い忘れの防止

②商品を告知する

⇒商品名の浸透

③お客さま満足度の向上

⇒おいしく召し上がっていただく

⇒便利性、お得感

④売上げの増大

⇒購入点数のアップ、トレードアップ、
グループサイズアップ

お客さま満足度の向上

なのである。

ただ、このような推奨販売も、あまりしつこいようだと、お客さまに不快感を与えることになり、逆効果となる。推奨販売は「一人のお客さまに一回」を原則とする。

●レジでの対応

レジでは、「〇日から、〇〇キャンペーンを実施しますので、ぜひご来店ください」というように言葉で商品の告知や浸透に努めるとともに、リピートを促すためのプロモーション活動を展開する。

たとえば、カードの有効期限を配布日よりも後に設定したバウンズアップクーポンを配布する。これは、新しくオープンした店舗のお客さまやプロモーションによってはじめて来店したお客さまに、再度の来店を促すのに効果的である。

また、ある商品を一つ買うと同じ商品がもう一つ無料でもらえる（バイワンゲットワンフリー）という内容のクーポンなどを配布するのも、お客さまにリピートのモチベーションを与え、同伴者数の増大をねらうには有効である。また、このようなプロモーション・ツールを配布する際は、必ず一言添えて手渡しをすることが重要である。

ところで、お客さまが、他店舗の、しかも競合店のクーポン券をもってこられるような場面に遭遇することはないだろうか。そんなときは、がっかりする必要はまったくない。なぜならば、競合店からお客さまを奪うチャンスと考え、笑顔で「本日に限り、特別にご提供させていただきます」と自店舗の相当する商品を提供すれば、お客さまは好印象を抱き、また来店してくれるはずである。

また、レジに立つと、お客さまから道をたずねられることがよくある。こんなときのために、店舗近隣の地図や近隣のＴＧなどの住所録（電話番号併記）などを用意しておくのもよい。

お客さまの要望に親身になって応えることで、競合店との差別化をはかるとともに、地域でのイメージ向上に努める。

店内でのその他の攻め方

●店内ＰＯＰ

ＰＯＰの基本については、すでに述べたが、もう一度ポイントを記しておこう。というのも、店内においてＰＯＰが有効なプロモーション・ツールであるにもかかわらず、どういう目的で、なぜこの位置にＰＯＰが掲示してあるのかがはっきりしないケースにたびたび遭遇するからである。

店内ＰＯＰの目的は、次の三点に絞られる。

①お客さまに買い忘れがないかを確認させる。
②お客さまに追加購入のモチベーションを与える。
③お客さまに次回来店のモチベーションを与える。

この三つの目的に応じて、ＰＯＰを作成し掲示する。その際、気をつけたいのは、店内でのお客さまの動線やニーズを十分考慮することである。たとえば、フード店の場合、客席に掲示するＰＯＰ一つにしても、モーニング、ランチ、ティータイム、ディナー、ミッドタイムというように一日を分割（デイパート）し、それぞれのパートに対応したきめ細かなＰＯＰ戦略を展開する。

そして、出口では、次回プロモーションの告知などにより③の目的達成のためのだめ押しを忘れないようにする。

小売り業であれば、商品案内ばかりでなく、お客さまの動線をコントロールする。たとえば主通路から副通路へお客さまを誘導するインパクトのあるＰＯＰなどを掲示するのも、プロモーション商品の販売や事項で述べる客動線を長くするという意味で有効である。

●客動線を長くする

店内での売上げアップ法の一つに、客動線を長くするということがある。入り口でさっさと用をすませて立ち去るお客さまよりは、店の奥まで足を延ばすお客さまのほうが、さまざまな商品に目をとおす機会も増え、追加購買の衝動にかられやすい。当然、店舗側としては、すべてのお客さまに店舗の奥まで見てほしいものだ。

大切なのは、お客さまを店の奥まで誘導する仕組みをつくっておくことだ。二二三ページに「店の奥への誘導法」を掲げておく。しかし、これは、きわめて一般的な例にすぎず、ここに

店の奥への誘導法

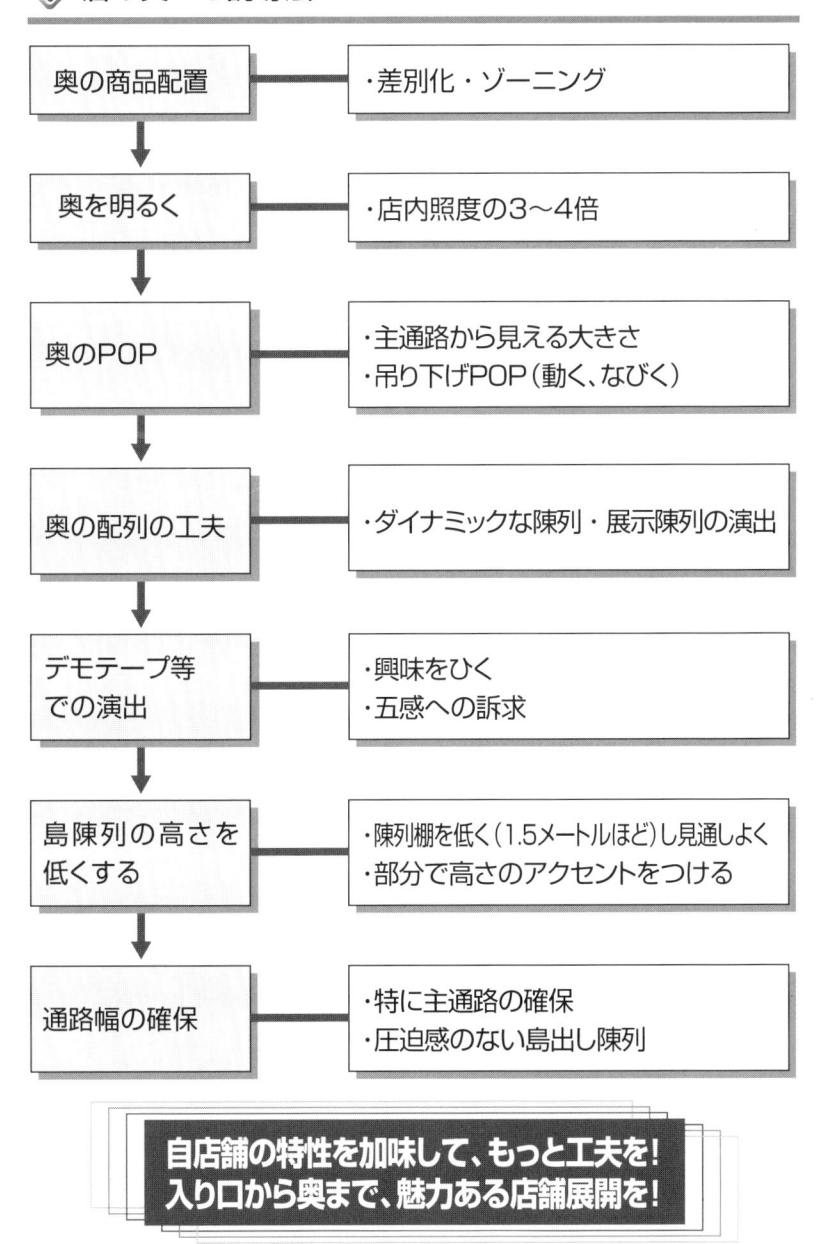

奥の商品配置	・差別化・ゾーニング
↓	
奥を明るく	・店内照度の3〜4倍
↓	
奥のPOP	・主通路から見える大きさ ・吊り下げPOP（動く、なびく）
↓	
奥の配列の工夫	・ダイナミックな陳列・展示陳列の演出
↓	
デモテープ等での演出	・興味をひく ・五感への訴求
↓	
島陳列の高さを低くする	・陳列棚を低く（1.5メートルほど）し見通しよく ・部分で高さのアクセントをつける
↓	
通路幅の確保	・特に主通路の確保 ・圧迫感のない島出し陳列

自店舗の特性を加味して、もっと工夫を！
入り口から奥まで、魅力ある店舗展開を！

紹介されているものよりも、さらにインパクトのある方法、自店舗ならではの方法を考案して他店舗との差別化をはかっていただきたい。

●お客さまをひきつける四大要素

お客さまをひきつけるには、店内装飾や照明、ＰＯＰなどのプロモーション・ツール、商品の配列、店内スタッフの身だしなみ（視覚）、におい（嗅覚）、音楽、マイクによるプロモーション（聴覚）など、お客さまの五感に効果的に訴えることが必要である。もちろん、それらはお客さまに無理なく受け入れられるように、お客さまが好奇心や購買意欲をかきたてられるようにアプローチするものでなくてはならない。また、お客さまにインパクトを与えるような内容・方法を伴う必要もある。

実は、この①視覚、②聴覚・嗅覚、③インパクト、④アプローチこそが、お客さまをひきつける〝四大キーワード〟にほかならない。プロモーション活動には、欠くことのできない要素である。

逆説的にいえば、このいずれかが満たされていない、あるいはこのいずれかにきわだった問題点があれば、お客さまの固定化、新規顧客の獲得にも影響が出ることになる。この四つをしっかり押さえた店内プロモーションを展開する。

3 プロモーションの評価・記録

目的

ローコスト、ハイリターンの夢を現実のものにするには、ひとえにプロモーション効果を高めること、より効果の上がるプロモーションを実践することだ。そのために欠くことができないのが、プロモーションの評価・分析である。

プロモーションを評価・分析する一番の目的は、

「プロモーションの実施によって、どのような効果が、どのくらいあったのか」

を知ることである。

各種プロモーションとその効果との相関を明確にしていくことで、

「次回のプロモーションの効果を向上させる、最も効率的なプロモーションを選択する」

ことが可能となる。

同時に、その相関を微細にデータとして記録していくならば、「自店舗だけのプロモーション・ノウハウ」が構築されることにもなり、その信頼度は確実にアップする。

逆に、積極的に評価しない場合は、ときには、いきあたりばったりのプロモーションが功を奏することもあろうが、ハイリスクを背負い込むことは疑いようがない。同じミスや失敗を何度も繰り返す確率が高くなる。よかったプロモーションを再度展開しようと記憶の糸をたぐりよせようとしても限界がある。とにもかくにも、人間は忘れる動物である。苦い経験を忘れ、また同じような経験をするのはだけは絶対に避けたい。

評価の実施

●プロモーション評価

プロモーションの評価は、売上げ要因とプロモーション要因の両面からアプローチする。

まず、売上げ要因の評価法であるが、これは、①売上げ、②客数、③客単価、④プロモーション商品購入数、⑤商品売上げ構成比の五つの項目について、

- プロモーションに入る前の期間（最低二週間）
- プロモーション期間中（最低二週間）
- 前年値

のそれぞれの値を比較評価するものである。この評価に用いるシートを「プロモーション評価測定シート」（二二七ページ参照）というが、プロモーション効果を一定の期間の売上げ変化

プロモーション評価測定シート

店　　　　年度

No	プロモーション名称	期間(日数)	目標	実績	達成率%	増減率						効果測定コメント
						売上高		客数		客単価		
						A	B	A	B	A	B	
1		(　日間)			%	%	%	%	%	%	%	
2		(　日間)			%	%	%	%	%	%	%	
3		(　日間)			%	%	%	%	%	%	%	
4		(　日間)			%	%	%	%	%	%	%	
5		(　日間)			%	%	%	%	%	%	%	
6		(　日間)			%	%	%	%	%	%	%	
平均値					%	%	%	%	%	%	%	
総評												

〈増減率の把握方法〉

A…プロモーション前と実施後の増減率を把握（プロモーション期間中の数値÷プロモーション前の数値×100（%））

B…プロモーション期間中と前年同時期の増減率を把握（プロモーション期間中の数値÷前年の数値×100（%））

月間売上げ目標:＿＿＿＿＿＿円　（マーケティング売上げ目標＿＿＿円＿＿%／プロモーション売上げ目標＿＿＿円＿＿%）

マーケティング名称			マーケティング名称			回収枚数日計(E)	回収枚数累計(F)	配布枚数率(%) (F)÷(D)	アドオンセールス日計(G)	アドオンセールス累計(H)	累計アドオンセールス率(%) (H)÷(B)
回収枚数	アドオン枚数	AOS	回収枚数	アドオン枚数	AOS						
枚	枚	枚	枚	枚	枚	枚 10	枚 10	% 10	円 4,000	円 4,000	% 0.8
						15	25	12.5	7,000	11,000	0.79
枚		円	枚	枚	円	枚	枚	%	円	円	%
1枚あたりAOS		円	1枚あたりAOS		円						
獲得可能AOS		円	獲得可能AOS		円						

3　月末時の効果測定

1）合計の算出。
（回収枚数、アドオン枚数、AOS）

2）1枚あたりAOSの算出
③64,000円÷②80枚＝800円

3）獲得可能AOSの算出
1枚あたりAOS　800円×①100枚＝80,000円

29日 土				
30日 日		5	5	6,000円
31日 月		10	5	5,000円
合計		①　100枚	②　80枚	③　64,000円
		1枚あたりAOS		800円
		獲得可能AOS		80,000円

※回収したコーヒー無料券すべてにAOSが獲得できた場合のAOS

●クーポン券1枚あたりの獲得売上げ（AOS）と回収率をとらえ、精度アップのためのアクションを実行する。

マーケティング活動売上げ集計用紙

＿＿年＿＿月

日付	曜日	売上日計 (A)	売上累計 (B)	配布枚数日計 (C)	配布枚数累計 (D)	マーケティング名称 特別ご招待券（コーヒー） 回収枚数	アドオン枚数	AOS	マーケティング名称 回収枚数	アドオン枚数	AOS
1	土	円 500,000	円 500,000	枚 100	枚 100	枚 10	枚 5	円 4,000	枚	枚	円
2	日	900,000	1,400,000	100	200	15	10	7,000			
3	月										
4	火										
5	水										
6	木										
19	水										
20	木										
21	金										
22	土										
23	日										
24	月										
25	火										
26	水										
27	木										
28	金										
29	土										
30	日					5	5	6,000			
31	月					10	5	5,000			
合計		円	円	枚	枚	枚 100	枚 80	円 64,000	枚	枚	
						1枚あたりAOS		800円	1枚当りAOS		円
						獲得可能AOS		80,000円	獲得可能AOS		円

マーケティング活動売上げ集計用紙の記入方法

閉店シフトのマネージャーは、その日の活動結果を下記手順で記録する。

1　効果測定の準備

1）その日の売上げ実績を（A）欄に記入。
2）売上げ累計を算出し（B）欄に記入。
3）その日に配布したクーポン券の枚数を（C）欄に記入。
4）配布クーポン券の累計枚数を（D）欄に記入。

2　クーポン券別効果測定

＜特別ご招待券（コーヒーの無料券のケース）＞

1）その日に回収されたコーヒー無料券の総数。
2）アドオンセールス（AOS）が発生したコーヒー無料券の総数。
3）コーヒー無料券のAOS。

※回収枚数は15枚あったが、そのうち10枚のクーポンでAOSが7,000円獲得できた。

マーケティング名称		
特別ご招待券（コーヒー）		
回収枚数	アドオン枚数	AOS
15枚	10枚	7,000円

を見ることで評価する手法である。

これに対して、プロモーション要因評価は、プロモーションやプログラムをそれぞれ個別に評価するものである。たとえば、クーポン券を配布すれば、そのクーポン券の回収枚数、獲得売上げ（クーポン券関連およびお買いあげ商品の合計金額＝ＡＯＳ）を集計する。

集計はプロモーション実施期間中毎日行う。集計に用いるシートを「マーケティング活動売上げ集計用紙」（二二八、二二九ページ参照）といい、これを活用することで、どのプロモーションが効果があるかを把握することができる。

もちろん、このような評価をするには、そのための仕組み、システムを事前にきちんと整えておく必要がある。たとえば、

- 集計・記録シートの準備、保管場所の決定
- 毎日記録する人員・時間の確保
- レジ担当をはじめとするスタッフへの必要事項の周知徹底

などの条件を満たしておくことが必要である。

●地域別評価

店舗運営が店舗周辺地域の人々と密接不可分の関係にあることはいうまでもない。そのためには、地域の人々がどれだけ自店舗を利用しているか、利用状況に変化はないか、商圏設定を変える必要はないか、といったことに店長は常に関心を払う必要がある。

事例研究——地域別客数増加指数マップ

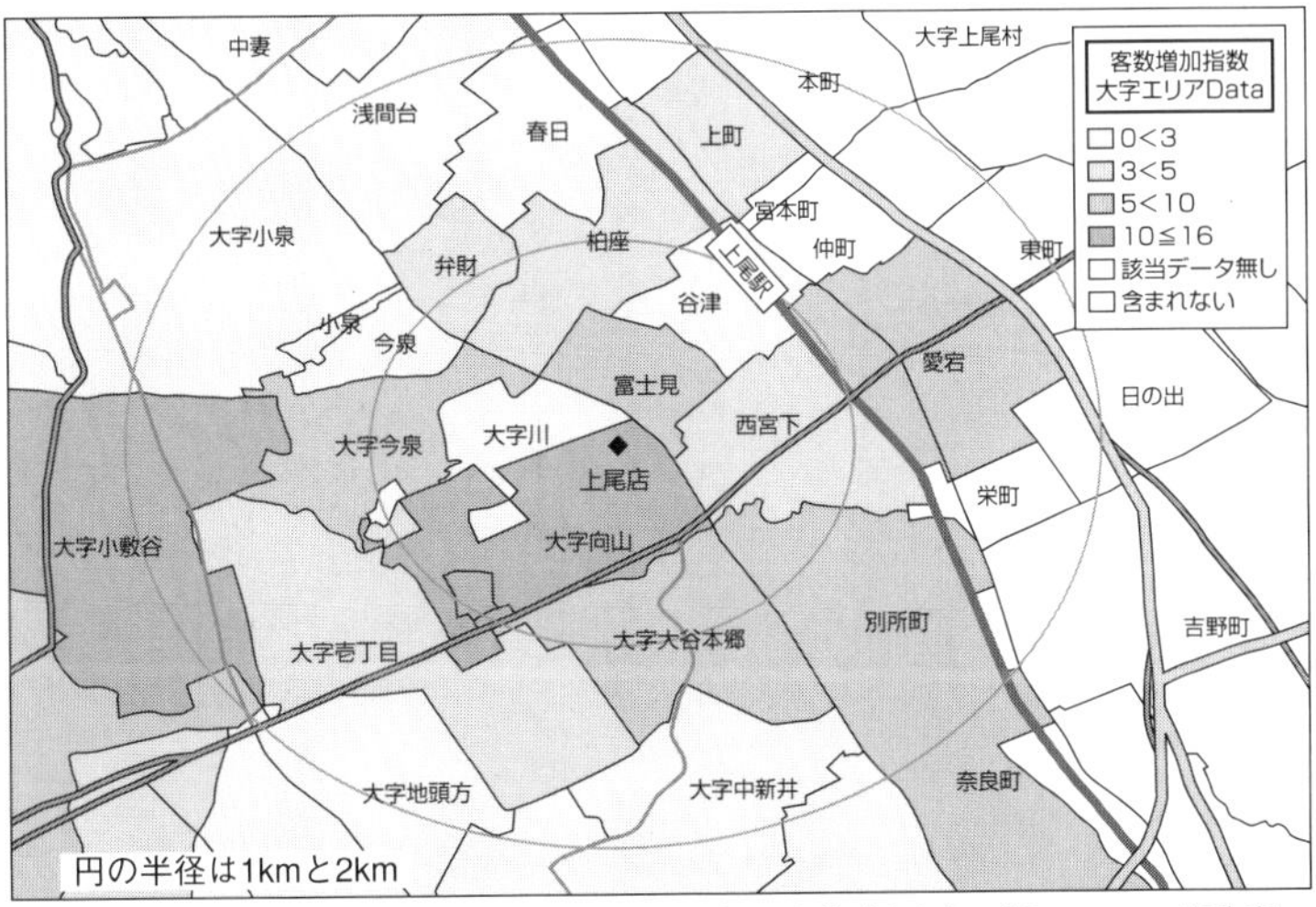

GISソフト:テラ・カスタマー（マップマーケティング社製）により作成したものをトレース・一部改変

（187ページの実勢商圏地図を活用し、ストアレベル・マーケティングを継続的に実施した結果が上記の商圏地図である）

各地域の客数および商圏開発指数の変化状況を「客数増加指数」として算出。

- チラシのポスティング配布の効果測定
- クーポン券の効果測定

各地域ごとに実行することで、地域の影響度が明確になる。マーケティングの精度アップ⇨投資効率アップを実現。

【チェックポイント】
各地域において、「なぜ効果があるのか、または、ないのか」について、仮説・検証の原則にもとづいたアクションをとること。フィーリングでデータを判断すると、いくらデータの精度が高くても、まったく無意味なものになってしまう。特に競合の動きに注意したい。

たとえば、クーポン券配布のようなプロモーションを実施した際は、

- 地域別回収率
- 地域別獲得売上げ
- 地域別客数増加指数

などを把握し、自店舗の商圏マップ上で地域別に色分けなどして（二三一ページ参照）、プロモーションの影響度を評価するようにしたい。顧客の変化によっては、商圏開発指数マップを訂正することも必要だ。

　ところで、商圏地図を作成する際、コンピュータソフトのＧＩＳ（地図情報システム）を使用すると便利だ。ＧＩＳといえば、かつては高価であったが、最近は二〇万円台のＧＩＳがマップマーケティング社より発売されており、筆者もヘビーユーザーの一人である。

●地道な努力が売上げ増大を実現する

　ストアレベル・マーケティングを導入して、売上げが大幅にアップした実例は、それこそ枚挙にいとまがない。二三三ページの図を参照していただきたい。

　このような事例からいえるのは、ストアレベル・マーケティングは、業種・業態にはまったく関係がないということである。もちろん、店舗の大小を問わない。商品力に依存せず、自店舗の特性を生かしたプロモーションを展開する、すなわち、自店舗なりの売り方を工夫することによって、競合他店舗との差別化をはかり、売上げ増大に成功しているのである。

ストアレベル・マーケティング導入企業の売上げ実績例

ケース1　ホームセンター　オーダーカーテン55%OFFプロモーション

実施期間：3～5月
使用ツール：ハンドビルチラシ・横断幕・店内POPシステム
トータルコスト：146,000円

◇成果◇　獲得売上げ:382万円　前年比117%達成

ケース2　サンドイッチFFチェーン　ドリンク半額プロモーション

実施期間：6～8月
使用ツール：半額クーポン券・メニューチラシ・店頭バナー・店内POPシステム

◇成果◇　対前年売上げをクリア　前年比120%以上

ケース3　住宅リフォーム　徹底した競合差別化エリアマーケティング

チラシ1枚あたりの問い合わせが

◇成果◇　業界水準の6倍

これらが意味すること…

業種・業態は関係ない。
商品での差別化ではなく、売り方で差別化する。

ただ、ストアレベル・マーケティングは、魔法の杖ではない。一振りすれば、劇的な効果が得られるというものではない。それこそ、地道なマーケティングの積み重ねによって、少しずつ売上げはアップしていく。たとえば、ストアレベル・マーケティング活動によって一日プラス五〇〇〇円の売上げ獲得が実現し、継続的活動によって一年後には、はかりしれないほどの成果を導いてくれるであろう。

「ローマは一日にして成らず」という。それは、日々努力すれば「ローマは成る」という逆説でもある。「継続は力なり」とはよくいったものである。店舗運営も、その例外ではない。地道な活動が固定客をつくり、新規顧客の開拓につながり、やがては売上げ増大となって結実していく。売上げ増大とは「そこに働くスタッフの成長の証し」であり、スタッフ全員の「スマイルの産物」でもある。店長は売上げ増大の実現に向けて、日々確実に歩を進めていくことが要求される。店舗の存亡は、まさに「あなた次第」である。

ストアレベル・マーケティングは奥深く幅広い。たとえば、何本もの薪があってはじめて炎が燃えさかるのと同じように、さまざまなプログラムを実施してはじめて、売上げ増大は実現される。このことを肝に銘じて、積極的にストアレベル・マーケティングに取り組んでいただきたい。そうすれば必ず、地域ナンバーワン店としての道が切り開かれていくことになる。

【た行】

【さ行】

「図表・記録シート等」の索引

〔著者紹介〕
小山　孝雄（こやま　たかお）
1966年、東京都羽村市生まれ。東海大学卒。1992年、ジェイ・エフ・シー（ジャパン・フランチャイズ・コンサルタンツ）入社。現在、同社副社長兼JFCピープルビジネススクール副学長。
●コンサルティング活動　高質人財の確保と育成、顧客満足度の向上、売上げの増大、利益確保の4大目標実現のため、ビジネスコンサルタントとして多岐にわたる業種・企業の経営指導に携わる。
●講師・講演活動　JFCピープルビジネススクール内外において、カリキュラムの研究・開発、講義・講演を実践。
●JFCピープルビジネススクール　パート・アルバイトシステムから企業経営を包括する内容で、年間全16コース開催。
〈お問合せ先〉
ジェイ・エフ・シー（ジャパン・フランチャイズ・コンサルタンツ）　JFCピープルビジネススクール事務局
〒107-0052　東京都港区赤坂7-10-6
Tel 03(3584)3651／Fax 03(3585)8728

なぜこの店にはお客が入るのか　（検印省略）

2002年6月6日　第1刷発行

著　者　小山　孝雄（こやま　たかお）
発行者　杉本　惇

発行所　㈱中経出版
〒102-0083
東京都千代田区麹町3の2 相互麹町第一ビル
電話　03(3264)2771（営業代表）
03(3262)2124（編集代表）
FAX 03(3262)6855　振替 00110-7-86836
ホームページ　http://www.chukei.co.jp/

乱丁本・落丁本はお取替え致します。
DTP／エム・エー・ディー　印刷／新日本印刷　製本／三森製本所

ISBN4-8061-1633-5　C2034